テレワークを
導入・運用するとき
これだけは知っておきたい
労務管理

HRプラス社会保険労務士法人

アニモ出版

はじめに

　テレワークとは、インターネットなどのICT（情報通信技術）を活用し、自宅、コワーキングスペース、モバイルなどで仕事をする、時間や場所を有効に活用できる柔軟な働き方をいいます。

　テレワークは、かねてより生産性の向上や優秀な人材の確保などに効果が高いとして普及活動が展開されていたものの、「人は会社（眼目）でマネージするもの」という固定観念をなかなか打破することが難しく、わが国の「働き方」として浸透できずにいました。

　そのようななか、2017年3月28日に働き方改革実現会議によって決定された『働き方改革実行計画』において、柔軟な働き方がしやすい環境整備の一環としてテレワークの推奨が大きく掲げられました。すなわち、テレワークは、時間や空間の制約にとらわれることなく働くことができるため、子育て、介護と仕事の両立の手段となり、多様な人材の能力発揮が可能となる、と提言されたのです。その一方、同実行計画ではテレワークが長時間労働につながるおそれがあることも合わせて指摘されています。そこで、厚生労働省は、『テレワークにおける適切な労務管理のためのガイドライン』を策定し、情報通信技術を利用したテレワークの適切な導入および実施のためのガイドラインを示したのです。

　このように、テレワークにおける適切な労務管理の実施がテレワーク普及の前提となる重要な要素であるため、ガイドラインの策定によって留意すべき点が明らかにされたわけですが、それでも「働き方」の選択肢として根づくスピードは思うように進まず遅々としたものでした。

　この状況を一変させたのは、新型コロナウイルスの感染拡大です。通勤時および職場における新型コロナウイルス感染拡大防止のために、政府によって発出された緊急事態宣言で「出勤者の7割削減」を掲げたところ、実際には70％かそれを上回る駅の利用客が減少するという成果をもたらし、一気にテレワークが進展しました。つまり、半ば強制的にテレワークが実施されたわけですが、当職らの事務所メンバーも当初は慣れない在宅勤務に戸惑いながらも、次第にその就業環境に順応していき、いまではテレワークが当たり前の様相を呈しています。

テレワークが「働き方」の選択肢の一つとして大きな意味を持ち始めたことと同時に、いくつかの課題も浮かび上がってきています。

　日経ＢＰ総合研究所の調査によれば、テレワークで生産性が上がったと答えた人の割合は、「39歳以下」だと45.7％に達し、いわゆる「ニューノーマル」の時代にフィットした理想的な働き方をしていることがうかがえます。他方で、「40歳代」で生産性が上がったと答えた人は24.1％まで下がり、「50歳代」に至っては19.4％まで減ります。生産性が下がったと答えた人の割合は、60歳以上が56.3％と最多で、50歳代は53.7％、40歳代は42.6％と続きます。つまり、中高年層のベテラン組がテレワークという働き方になかなか対応できていないわけです。

　そのほか、テレワークの進展によって対応が必要とされる主な論点として、①労働時間の適正な把握、②情報セキュリティの担保、③人事評価のあり方、④費用負担、⑤通勤手当の見直しなどがあげられます。

　労働時間管理というと事業場外みなし労働時間制を想起しますが、現在はクラウド型の勤怠管理システムが広く普及し、会社にいなくても勤怠管理は可能です。情報セキュリティという点では脆弱なネットワークへの接続が問題となります。人事評価のあり方として昨今、いわゆる「ジョブ型」が声高にいわれていますが、それが可能であるなら職務給制度による同一価値労働・同一賃金はとっくに実現されているはずであり、「ジョブ型」への転換は簡単ではありません。そのほか、通信費や水道光熱費などの費用は労使のどちらが負担すべきか、出勤が減少しても通勤手当を満額支給する必要はあるのか、といった論点が顕在化します。

　本書は、こうしたテレワークを実施するにあたって検討しなければならない労務管理上の論点を整理し、テレワークの導入を検討している、あるいはすでに導入しているけれども運用に迷いがある経営者や人事パーソンを対象に、その対応方法をわかりやすく解説したものです。

　本書がテレワークのスムーズな導入に寄与することができれば望外の喜びです。

コロナ禍の2021年1月　　　　　　　　ＨＲプラス社会保険労務士法人

　　　　　　　　　　　　　　　　　　代表社員　佐藤　広一

テレワークを導入・運用するとき
これだけは知っておきたい労務管理
もくじ

はじめに

1章 「テレワーク」とはどういうことか

2章

テレワークを導入するときの必須知識

CONTENTS

3章 労働時間管理などの「労務管理」のしかた

CONTENTS

6章 「テレワーク就業規則」のつくり方

CONTENTS

7章 テレワーク時の人事評価はどうする？

カバーデザイン◎水野敬一
本文ＤＴＰ＆図版＆イラスト◎伊藤加寿美（一企画）

1章

「テレワーク」とは
どういうことか

Telework

1-1 「テレワーク」を定義すると

🖥 ＩＣＴを活用した柔軟な働き方

　「テレワーク」とは、「tele ＝離れたところ」と「work ＝ 働く」をあわせた造語で、**情報通信技術（ＩＣＴ**：Information and Communication Technology）を活用した、場所や時間にとらわれない柔軟な働き方のことをいいます。

　つまり、テレワークは、**所属するオフィスから離れた場所で、ＩＣＴを活用して働く**、ということなのです。

　ＩＣＴが普及する以前は、仕事といえば、自宅や喫茶店などではなく、オフィスで働くことが当たり前でした。しかし、ＩＣＴの活用によって、あらゆる場所で、あらゆる形で働くことが可能となり、いまやテレワークは珍しいものではなくなりました。

　テレワークは、「離れたところ」で「働く」ことですから、必ずしも、自宅でパソコンを使って仕事をするもの、ということではありません。

　最近では、「**ワーケーション**」という言葉も、よく聞かれるようになりました。ワーケーションとは、「work ＝仕事」と「vacation ＝休暇」をあわせた造語で、観光地や帰省先など、自宅以外の休暇先でテレワークすることです。

　このように、テレワークではさまざまな働き方が考えられますし、今後さらに新しい働き方が登場してくることもあるでしょう。

　従来の働き方にとらわれず、ＩＣＴを存分に活用して、柔軟な働き方を広げることで、働き方の制約を少なくし、労働環境を自由に拡大していくことができるのです。

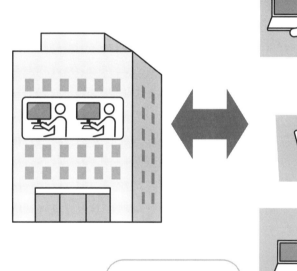

テレワークの形態は、さまざまです。時間や場所を有効に活用し、テレワークの効果を最大限に高めましょう。

テレワークにはどんな効果が期待されるか

テレワークに期待される主な5つの効果

テレワークの効果は、多岐にわたりますが、大別すると次の5つの効果に集約できるでしょう。

> ①事業継続性の確保（ＢＣＰ対策）
> ②ワークライフバランスの向上
> ③コスト削減・環境負荷の軽減
> ④人材確保（新規雇用・離職防止）
> ⑤業務生産性の向上

これらの効果は、企業、従業員、ひいては社会全体にもメリットがあります。

企業にとってのメリット

企業にとってのテレワークのメリットをいくつか確認してみましょう。

- 非常時でも事業を継続でき、早期復旧もしやすい
- 柔軟な働き方の実現により、優秀な人材の確保や雇用継続につながる
- 離職率が改善し、従業員の定着率が向上する
- 女性・高齢者・障がい者等の就業機会の拡大
- ペーパーレス化や業務改善の機会になる
- 通勤費やオフィスの賃料等の削減になる

◎テレワークに期待される主な効果◎

非常災害時やパンデ
ミック(感染症流行)
時における事業継続

事業継続性の
確保
(BCP対策)

オフィススペース、
ペーパーコスト、通
勤・交通コストの削減、
電力消費やCO_2排出
量の削減

家族と過ごす時間、
自己啓発などの時間
が増え、仕事と生活
の調和がとれる

コスト削減・
環境負荷の
軽減

テレワーク

ワークライフ
バランスの
向上

人材確保
(新規雇用・
離職防止)

業務生産性の
向上

入社の動機づけや、
育児中・介護中の社
員への働きやすい環
境の実現による離職
の防止。また、退職
した高齢者、通勤が
困難な障がい者、遠
方居住者などの新規
雇用の創出

業務プロセスの革新
や、計画的・集中的
な作業実施による業
務効率の向上

💻 従業員（テレワーク勤務者）にとってのメリット

次に、従業員にとってのメリットを確認してみましょう。

- 育児や介護をしながら、働き続けることができる
- 通勤時間がなくなった分、家族と過ごす時間や趣味の時間が増える
- 自律的に仕事を進めることができる能力が高まる
- 仕事の満足度が向上する
- ＵＪＩターンや二地域居住などが可能となる

💻 社会への効果

さらに、テレワークは社会問題の解決の糸口にもなり得ます。

- これまで就労が叶わなかった人たちも働くことができるようになり、労働参加率が向上する
- 家族が安心して子どもを育てられる環境を築くことができる
- 通勤等によるCO_2の排出量が削減され、環境負荷が低減される
- 都市集中のスタイルから転換し、地方が活性化される

このように、テレワークの効果はさまざまです。次項以降ではこれらの効果について、もう少し考えていきましょう。

1-3 テレワークに期待される効果① 事業継続性の確保（ＢＣＰ対策）

🖥 パンデミック発生時への備え

　最近では、新型コロナウイルス感染症の感染拡大の対策として、多くの企業がテレワークを導入し、これまで、特殊な働き方という印象が強かったテレワークが、一般的な働き方になりました。

　感染症が世界的規模で流行するパンデミックが起こった場合でも、在宅勤務により、他人との接触を防ぐことで、感染拡大を抑止することができます。会社内で感染症が発生した場合や、従業員の家族が感染症を発症した場合など、出社することで、社内に感染を拡大させてしまう可能性があります。あるいは、通勤中に感染してしまうリスクもありますが、このような状況を避けるためにも、テレワークは有効な対策です。

　このように、テレワークは**事業継続性の確保**（ＢＣＰ：Business Continuity Plan）に効果的な働き方といえるでしょう。

🖥 自然災害への備え

　自然災害が発生した場合でも、在宅勤務が可能であれば、企業は、その事業を継続することができ、事業利益の損害を最小限にとどめることができるでしょう。

　大地震をはじめとする自然災害発生時には、公共交通機関が動かなくなることも考えられます。そもそも、自宅から外出することができなくなる可能性もあります。このように、従業員が出社できない場合、テレワークを導入していなければ、事業の継続が困難になってしまうのです。

　しかし、テレワークを導入していれば、出社できなくても、事業を継続できる可能性が高まります。東日本大震災後の首都圏の交通

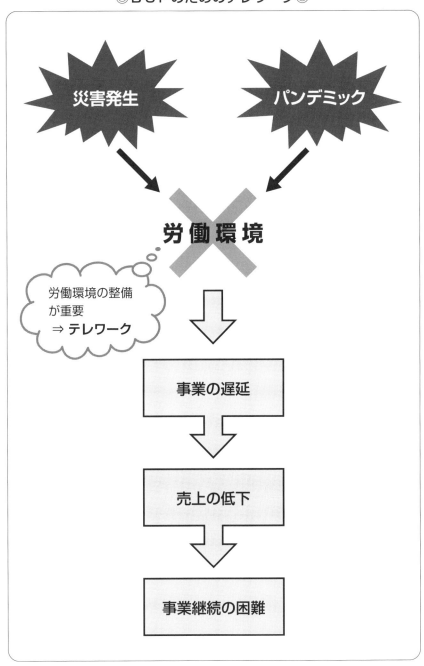

機関の混乱時でも、ＩＴ企業や外資系の企業といったテレワーク導入企業の多くが在宅勤務をすることにより、支障なく業務継続できました。

　また、大雪や台風などの発生時は、在宅勤務に切り替えれば、ムダな長時間通勤を避けることも可能ですし、何より通勤中に被災してしまうリスクを回避することができます。

🖥 平常時からテレワークを活用しておこう

　このように、自然災害や感染症の流行などが発生した場合でも、テレワークの活用によって事業の継続・早期再開を行なうことができます。

　しかし、非常時に突然、テレワークを実施しようとすると混乱が起きてしまうこともあるでしょう。ＢＣＰの策定・実現のためには、平常時から、テレワークを積極的に行ない、テレワークという働き方に慣れておくことが大切です。

1-4 テレワークに期待される効果②
ワークライフバランスの向上

 ワークライフバランスとは

次に、テレワークによるワークライフバランスの向上について、確認してみましょう。

そもそも、「ワークライフバランス」とは何でしょうか。

「仕事と生活の調和（ワーク・ライフ・バランス）憲章」では、ワークライフバランスが実現した社会は、「国民一人ひとりがやりがいや充実感を感じながら働き、仕事上の責任を果たすとともに、家庭や地域生活などにおいても、子育て期、中高年期といった人生の各段階に応じて多様な生き方が選択・実現できる社会」としています。

仕事は、暮らしを支え、生きがいや喜びをもたらすものですが、現実には、仕事に追われ心身の疲労から健康を害しかねない、仕事と子育てや老親の介護との両立に悩むなど、仕事と生活の間で問題を抱える人が多く見られます。

そこで、重要視されるのが、このワークライフバランスの実現です。仕事と個人の生活を上手に調和させることによって、仕事も生活も充実させ、すべての働く人が充実した時間をもって豊かな生活を送ることができるようになることが期待されます。

 テレワークでワークライフバランスが実現できる？

では、ワークライフバランスの向上のために、テレワークは何をもたらすのでしょうか？　テレワークは、たとえば以下のような変化をもたらすと考えられます。

● **自分の時間をもてる**

通勤に必要だった時間がなくなり、また、自分の裁量で仕事をす

◎ワーク・ライフ・バランス憲章◎

就労による経済的自立が可能な社会

経済的自立を必要とする者、とりわけ若者がいきいきと働くことができ、かつ、経済的に自立可能な働き方ができ、結婚や子育てに関する希望の実現などに向けて、暮らしの経済的基盤が確保できる

健康で豊かな生活のための時間が確保できる社会

働く人々の健康が保持され、家族・友人などとの充実した時間、自己啓発や地域活動への参加のための時間などを持てる豊かな生活ができる

多様な働き方・生き方が選択できる社会

性や年齢などにかかわらず、誰もが自らの意欲と能力をもってさまざまな働き方や生き方に挑戦できる機会が提供されており、子育てや親の介護が必要な時期など個人の置かれた状況に応じて多様で柔軟な働き方が選択でき、しかも公正な処遇が確保されている

テレワークにより実現をめざそう！

すめることも増えれば、自己啓発や趣味、健康管理など、自分の時間を増やすことができます。

● **家族との関係が良好に**

　自宅を働く場所とすることで、家族と接する時間が増え、家庭内でのコミュニケーションが取りやすくなります。また、家事や育児、介護等に従事する時間を増やすことができます。たとえば、保育園のお迎えに行きやすくなったり、デイサービスへの通所を見送りやすくなったりもするでしょう。

● **より多くの人の「働きたい」を叶える**

　場所を問わないため、通勤困難などさまざまな事情により、働きたくても働くことが難しい高齢者や障がい者、出産・育児中の女性なども働くことが可能になります。より多くの人に就業機会を与えることができるのです。

　他にも、時間や場所に制約を受けずに働くことによって、生み出される時間や生活の変化は、個人ごとにそれぞれさまざまに実感するものがあるでしょう。

　テレワークによって、ゆとりがもたらされれば、テレワークは、ワークライフバランスを向上させる手段となるのです。

　また、従業員がワークライフバランスを確保しやすい組織は、「企業ブランド・イメージの向上」、加えて従業員の仕事に対する「満足度と意欲の向上」につながります。

　そして、満足度と意欲が向上すれば、従業員の離職率も低減し、従業員の定着率の向上、ひいては、優秀な人材の確保につながっていくでしょう。

1-5 テレワークに期待される効果③ コスト削減・環境負荷の軽減

🖥 テレワークでコストが削減できる？

　テレワークの導入にあたって、ＩＣＴ環境の整備などが必要となる場合、初期投資が必要となるので、一時的にそのコストが発生することはあるでしょう。しかし、中長期的にみれば、こうした初期投資の額を、テレワークによるコスト削減の額が上回り、結果的にコスト削減の恩恵をもたらしてくれるのです。

　テレワークによるコスト削減の主なものとしては、オフィススペースコストの削減、通勤定期代など通勤手当の削減などがあります。

　オフィススペースのコスト削減は、具体的には、１人ひとりに専用のデスクスペースを与えても、テレワークによる従業員が社外にいるのであれば、デスクの利用率は非常に低くなります。テレワークの導入と同時に、オフィスをフリーアドレス（固定の座席を決めずに、自由に席を選ぶことができる）にすれば、広いオフィススペースは必要がなくなり、机や椅子などの備品も削減することができます。

　また、各地に営業網を展開している場合には、従来は、各地に拠点オフィスを設ける必要がありましたが、テレワークを活用し、従業員が自宅をベースとして担当業務を行なうことで、それまでの拠点オフィスを含めて会社組織の抜本的な統廃合を実施し、大幅なコスト削減を実現することも可能かもしれません。

　あるいは、従業員を毎日通勤させなくてもよくなると、通勤定期代などの通勤手当を削減できるだけではなく、都心の一等地にオフィスを構えず、従来よりも賃料が安価な場所にオフィスを移転させることができるかもしれません。

　このように、テレワークにより、一時的な初期投資のコストが生

◎テレワークで削減できるコストの例◎

じたとしても、中長期的なコスト削減が可能となります。

環境負荷も軽減できる

　テレワークを実施することで、一般的にはおのずとペーパーレス化につながります。テレワークでは、場所を問わず資料にアクセスできるデジタル化された資料の管理体制が必要となるからです。ペーパーレス化は当然、企業のコスト削減にもなりますが、環境負荷も軽減されます。

　さらに、従業員は、会社にいるときよりも自宅にいるときのほうが電力消費に敏感になる傾向が強く、そのため、リモートワークは自宅にいる従業員のエコ意識を高めるだけでなく、実際に電力消費を抑えられているといわれています。

　また、通勤をさせなくなることで、その通勤時の環境負荷の軽減、二酸化炭素（CO_2）排出量も削減されます。

　このように、テレワークは環境負荷の軽減にも一役買っています。

テレワークに期待される効果④ 人材確保(新規雇用・離職防止)

💻 人材の確保・育成

　近年、従業員が働きやすいと感じる職場は、ワークライフバランスを重視する傾向が強くなっています。

　企業がワークライフバランスを重視することは、魅力的な職場と評価されることにつながり、新たな人材を確保しやすくなるでしょう。特に最近では、テレワークは就職の動機づけや、企業選択の1要素となっています。

　また、従業員にとって働きやすい環境をつくることで、優秀な人材の流出を防ぐことができ、従業員自身もキャリアの継続がしやすくなります。

　これは、企業にとっても、人材確保や育成のコストを低減することができるなど、大きなメリットとなります。

💻 育児や介護をしながらでも働くことができる

　従来の働き方では、育児と仕事、あるいは、介護と仕事、その両立が難しく、二者択一を迫られ、仕事を続けたくてもあきらめざるを得ないということも多くありました。育児や介護といった制約にかかわらず、従業員が離職することなく、その能力を継続して発揮できることは企業にとっても大きなメリットです。

　育児や介護といった大きなライフイベントでなくても、「年老いた両親と一緒にいる時間を増やして、コミュニケーションをとり、両親の介護予防のサポートをしながら働きたい」「年老いたり、重度の病気になったペットの介護をしながら働きたい」「小学校や中学校の受験に伴い、塾の送り迎えをするために働く時間と場所を有効に選択したい」といったニーズも多くの労働者が抱えています。

 育児は心身の負担が大きく、仕事と両立できずにキャリアをあきらめていたけれど…

 親の介護をしていて、食事の世話など、1日の決まった時間に介護や家事をしなければならないので、退職を考えていたけれど…

 夫の転勤が決まり、所属しているオフィスから遠くに転居することになってしまったけれど…

テレワークなら働くことができる！

このように、さまざまなニーズに応えるテレワーク制度を充実させることが求められているのです。

障がいがあっても高齢でも働くことができる

　さて、上述のように、従来の働き方であれば就業が困難であった人たちが、テレワークにより働くことができるようになることは、労働人口の減少が大きな問題となっているわが国において、1つの課題解決となり得ます。

　育児や介護による離職の回避はもちろんのこと、障がいをもった人や高齢者といった新たな雇用の創造や多様な人材の活躍により労働参加率は向上します。

　そして、育児や介護により就業の継続が困難になってしまっていた人や、障がいや高齢などにより通勤が困難で働くことをあきらめていた人たちが、テレワークにより働くことができるようになることは、労働参加率の向上だけでなく、その人の「働きたい」という希望を実現し、社会的・経済的な自立を促すことができます。

　これまで、就労意欲があるのに働くことが叶わなかった人たちにとって、柔軟な働き方ができるテレワークは、仕事への意欲をさらに高めるものになるでしょう。

　なお、多様な人材の活躍については、38〜52ページでもう少し詳しく解説します。

1-7 テレワークに期待される効果⑤ 業務生産性の向上

💻 テレワークによる生産性の向上

　『情報通信白書 平成29年版』（総務省）によると、テレワークを導入している企業のほうが、直近3年間に業績が増加傾向にある企業の比率が高く、また減少傾向にある企業の比率が低くなっており、「テレワークの導入によって労働生産性が向上し、効率的な企業活動が可能となるとともに、それが売上高の拡大などの良好な企業業績につながるなどのよいサイクルに入っていくことができるようになっているものと考えられる」とされています。

　テレワークが企業活動に必ずよい影響を与えると言い切ることは難しいですが、テレワークをうまく運用することで労働生産性をアップし、従業員の満足度を上げることにつながると考えられます。

💻 生産性向上のポイント

　では、どうすればテレワークで生産性を上げることができるのでしょうか。後述のとおり、テレワークの導入にあたって、業務プロセスを革新することで、生産性が高まると考えられますが、それ以外にも、以下のようなポイントを押さえることで、生産性の向上が見込めるでしょう。

●環境を整える

　机や椅子など、仕事に適した環境が整っていないと、身体に余計な負担がかかってしまったり、仕事がしづらい環境であることで、心理的にもストレスがたまり、生産性が低下する可能性があります。4－2項を参考に、作業環境を整えましょう。

●スケジュール管理する

　テレワークであっても、きちんと1日のスケジュールを立て、ダ

◎テレワークは労働生産性も向上させる◎

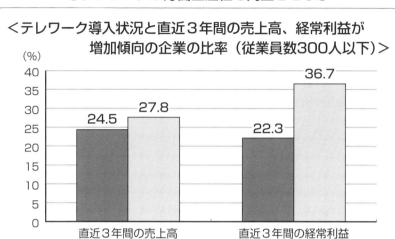

＜テレワーク導入状況と直近３年間の売上高、経常利益が
増加傾向の企業の比率（従業員数300人以下）＞

直近３年間の売上高：テレワーク未導入 24.5、テレワーク導入 27.8
直近３年間の経常利益：テレワーク未導入 22.3、テレワーク導入 36.7

■ テレワーク未導入（ｎ＝2,766）　□ テレワーク導入（ｎ＝90）

（出典）総務省「ＩＣＴ利活用と社会的課題解決に関する調査研究」（平成29年）

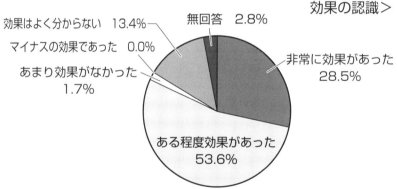

＜労働生産性向上目的でテレワークを導入した企業による
効果の認識＞

- 効果はよく分からない　13.4%
- 無回答　2.8%
- マイナスの効果であった　0.0%
- あまり効果がなかった　1.7%
- 非常に効果があった　28.5%
- ある程度効果があった　53.6%

（出典）総務省「平成29年 通信利用動向調査」（2018年）より作成

> テレワークを導入してすぐに労働生産性が飛躍的に向上するということは稀かもしれませんが、業務プロセスを新たにし、テレワークという働き方が定着すれば、労働生産性も向上していくと考えられます。

ラダラと仕事をしてしまうことがないようにしましょう。従業員の自己管理に任せるだけでなく、1日の成果や進捗状況の報告を義務づけることも有効です。

●情報を共有する

たとえば、「進捗状況がわからず、対応が重複してしまう」「情報が個別に管理され、全体として把握できない」「ノウハウが共有されない」といったことが起こると、テレワークによってかえって生産性を下げてしまうことも考えられます。

WEB会議で業務報告を行なう時間を設けたり、チームで定期的にミーティングをしたりするなど、社内で情報共有するためのルールを定めるとよいでしょう。

具体的には、WEB会議システム、ビジネスチャット、勤怠管理システム、スケジュール管理ツールなどで、上司・同僚が業務の進捗状況などを適宜確認できるようにする必要があります。進捗を管理しやすくなることで、業務の分担もしやすくなるでしょう。129〜133ページを参考に、自社に合ったツールを検討したうえで、有効活用するためのルールを決めましょう。

🖥 業務プロセスを革新する

テレワークを導入するにあたっては、業務の洗い出しを行ない、業務の切り分けや業務分担を明らかにし、仕事のやり方を改めて見直すことが重要です。これにより、省略可能な業務が特定でき、また、業務の進め方や手続方法の改善ができます。

そのほか、テレワークにより円滑に仕事を進めるためには、できるだけペーパーレス化を図り、書類や記録の電子化を進めるとともに、ネットワーク上で情報共有を行なうことが必要です。

これら一連の仕事のやり方の変革が、業務プロセスの革新につながります。

1-8 テレワーク時の働く場所と利用ツール

💻 テレワークには３つの形態がある

　テレワークには、①在宅勤務、②モバイルワーク、③サテライトオフィス勤務（施設利用型勤務）の３つの形態があります。

---

①在宅勤務

　所属するオフィスに出勤せず、自宅を就業場所とする勤務形態。

②モバイルワーク

　移動中（交通機関の車内など）や顧客先、カフェなど、あらゆる場所を就業場所とする勤務形態。

③サテライトオフィス勤務（施設利用型勤務）

　所属するオフィス以外の他のオフィスや遠隔勤務用の施設を就業場所とする勤務形態。サテライトオフィスには、専用型（自社・自社グループ専用のオフィススペース）と共用型（複数の企業がシェアするオフィススペース。シェアオフィスやコワーキングスペースともいう）がある。

💻 テレワークの環境整備

　「在宅勤務」は、自宅にＩＣＴ環境を整備し、セキュリティ対策、ルールの整備を行なうことで導入できることが通常です。在宅勤務の場合は、完全に通勤時間をなくすことができます。

　「モバイルワーク」の場合は、持ち運びに適したノートパソコン

◎テレワークの形態◎

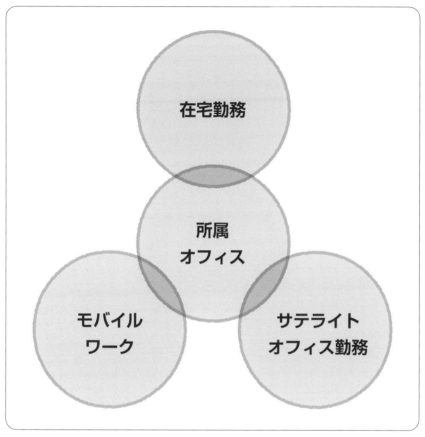

があり、Wi-Fi環境が整えば、導入できることが多いでしょう。た
だし、ノートPCの紛失・盗難や、のぞき見などの情報漏洩の対策
も重要となります。

　「専用型のサテライトオフィス」の場合は、システムを含めたオ
フィス環境が整備されていることが一般的なので、サテライトオフ
ィスそのものの設置・運営にはコストがかかりますが、従業員個人
にとっては、自身で環境整備を要しないという点で、サテライトオ
フィス勤務はスムーズでしょう。また、企業にとっては、労働時間
が管理しやすいというメリットもあります。

複数の企業の労働者がいる「共用型のサテライトオフィス」の場合は、情報管理やセキュリティの対策が重要となります。まず、そのサテライトオフィスを運営する事業者の選定も重要ですし、情報管理やセキュリティ面の対策がしっかり講じられているか、十分に確認すべきでしょう。他の企業の労働者がいることで、その交流によりビジネスのヒントを得たり、ネットワークを拡大することもできるかもしれません。

🖥 ワーケーションにも注目してみよう

　近場のホテルやリゾート地などで、テレワークをするワーケーションにも注目してみましょう。環境省が補助金の支給を進めるなど、ワーケーションの普及に向けての動きが強まっています。

　旅先などでも、Wi-Fi等が整備されることで、仕事ができる環境が広がり、ふだんとは異なる環境で、リフレッシュしながら働くことが可能となります。

🖥 利用するツール

　詳細は5章で説明しますが、システムやツールの選択肢もたくさんあります。

　まず、システム方式でいえば、リモートデスクトップ、仮想デスクトップ、クラウド型アプリ、会社のPCを持ち帰るといった選択肢のなかから、決定することになります。

　端末デバイスは、リッチクライアント、シンクライアント、タブレット型PC、スマートフォン、携帯電話等から選択します。

　そのほかにも、セキュリティについて（本人認証、暗号化通信、端末認証、端末管理等）、労務管理機能について（勤怠管理ツール、業務管理ツール等）、コミュニケーション機能について（会議システム、チャット、情報共有ツール等）、それぞれ、実態に合わせて検討していく必要があります。

1-9 テレワークの阻害要因

🖥 テレワークを導入できないケース

　テレワークを阻害する要因は、企業や職種によってさまざまですが、たとえば以下のような要因が考えられます。

①職務によるもの

　まず、その職務の特性によって、そもそもテレワークができないという場合があります。

　デスクワークの場合は、一般的にテレワークが導入しやすいケースが多いですが、たとえば、飲食、医療、物流、建設等の現場で働く人など、そもそもテレワークの導入は困難です。

　ただし、テレワークができないと思っていた仕事であっても、ICTツール等の活用や業務プロセスの見直しによって、テレワークが可能となる場合もありますので、改めて検討する必要があるでしょう。

②環境整備によるもの

　テレワークの導入に際しては、一般的に、そのセキュリティ対策が重要となりますが、その対策を行なうことができず、テレワークの導入に踏み切れないということもあるでしょう。あるいは、予算などの制約により、ノートパソコンやインターネット回線等のハードの準備ができないというケースもあります。

　これらについては、総務省、厚生労働省、自治体などの支援制度等の活用が役立つ可能性もありますので、ぜひ検討してみましょう。

◎テレワークを阻害する要因◎

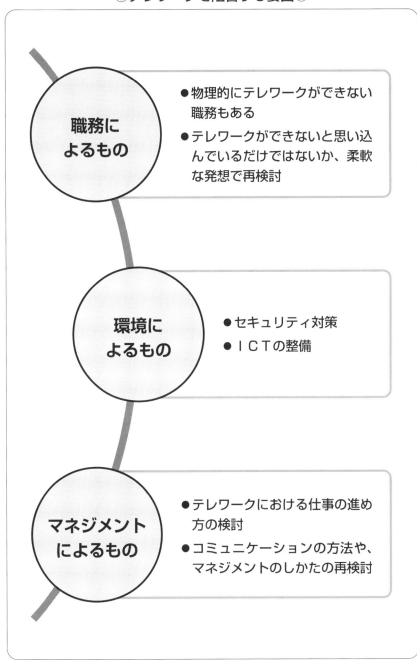

**職務に
よるもの**

- ●物理的にテレワークができない
職務もある
- ●テレワークができないと思い込
んでいるだけではないか、柔軟
な発想で再検討

**環境に
よるもの**

- ●セキュリティ対策
- ●ＩＣＴの整備

**マネジメント
によるもの**

- ●テレワークにおける仕事の進め
方の検討
- ●コミュニケーションの方法や、
マネジメントのしかたの再検討

🖥 マネジメントによるもの

　最も注意しなければならないのは、テレワークではマネジメントが難しいため導入できない、という考えによるものです。

　たとえば、「テレワークでは、従業員が職務に専念しないだろう」といった思い込みで、テレワークを導入していないのであれば、これからは、この考え方を変え、テレワークでも従業員が能動的に働くよう、その働き方を支援するような考えに転換していく必要があるといえるでしょう。

🖥 脱ハンコ、ペーパーレス化

　そして、「書類への押印が必要」「データ化されておらず、紙として保存されている」「紙が必要だと思い込んでいる」といった要因で、テレワークが阻害されているケースもあります。

　新型コロナウイルス感染症の感染拡大の影響を受け、国・行政でも脱ハンコに大きく舵が切られました。

　多くの場合、ワークフローのツールやクラウド文書管理ツール、電子印鑑などを導入することにより、ペーパーレス化を進めることが可能となりますが、紙が必要だという思い込みによるものについては、業務フローへの変革に対する姿勢が必要となります。

テレワークで広がる労働参加①
高齢者

💻 人口減少時代とテレワークの活用

　人口減少時代においては、これまで労働市場に参加していなかった人々が就業できるような環境整備が求められています。そのためには、制約要件を取り除く必要がありますが、テレワークを活用することにより、時間と距離の制約を超えることが可能となります。

　これまで、労働参加できなかった人々が労働参加することで、人口減少社会における持続的な成長を支えることにつながると考えられます。

　それでは、まず「高齢者」のテレワークによる労働参加について、考えてみましょう。

💻 人生100年時代の高齢者の雇用

　長時間通勤が困難であることや定時勤務が難しいなどの理由で、労働市場から退いていた高齢者が、テレワークを活用することによって再び労働市場に戻ってくることも可能になるでしょう。

　そもそも、高齢者の体力・運動能力は、昔と比べ、若返っていると感じます。「人生100年時代」とも呼ばれる今日、人によってさまざまな事情がありますが、多くの場合、早期のリタイアはナンセンスともいえるのではないでしょうか。

　成長戦略実行計画（令和元年6月21日閣議決定）においても、「人生100年時代を迎え、働く意欲がある高齢者がその能力を十分に発揮できるよう、高齢者の活躍の場を整備することが必要である。高齢者の雇用・就業機会を確保していくには、70歳までの就業機会の確保を図りつつ、65歳までと異なり、それぞれの高齢者の特性に応じた活躍のため、とり得る選択肢を広げる必要がある」と示されて

います。

　これまでの一般的なイメージと異なり、高齢者のITリテラシーは高まっています。テレワークの活用が進むことで、高齢者の体力面での不利をカバーすることもできるでしょう。

高齢者の雇用に関する法改正

　さて、高齢者のテレワークの活用による労働参加の大義については上記のとおりですが、高齢者の雇用に関しては、いくつかの法改正がありますので、確認しておきましょう。

【高年齢者雇用安定法：高年齢者就業確保措置】
（令和3年4月1日施行予定）

　65歳から70歳までの就業機会を確保するため、高年齢者就業確保措置として、次ページの図の改正後①～⑤のいずれかの措置を講ずる努力義務が企業に課されます。努力義務について雇用以外の措置（④および⑤）による場合には、労働者の過半数を代表する者等の同意を得たうえで導入するものとします。

【雇用保険：高年齢被保険者の特例】
（令和4年1月1日施行予定）

　65歳以上の人が複数の職場で就労する場合、本人の申し出を起点に、2つの事業所の労働時間を合算して、週の所定労働時間が20時間以上であることを基準として、雇用保険が適用されます。

【雇用保険：高年齢雇用継続給付の改正】
（令和7年4月1日施行予定）

　高年齢雇用継続基本給付金および高年齢再就職給付金の支給条件である、賃金の低下率の下限が61%から64%に引き上げられるとともに、支給率の上限が15%から10%に引き下げられます。

◎高年齢者雇用安定法の改正◎

改 正 前

65歳までの雇用確保

- ●60歳未満の定年禁止
- ●65歳までの雇用確保措置
  ①65歳までの定年引上げ
  ②定年制の廃止
  ③65歳までの継続雇用制度（再雇用制度・勤務延長制度等）（希望者全員）

義 務

改 正 後 （令和3年4月1日施行）

70歳までの就業機会確保

- ●65歳までの雇用確保に加え、65歳から70歳までの就業機会を確保するため、以下のいずれかの措置を講ずる努力義務
  ①70歳までの定年引上げ
  ②定年制の廃止
  ③70歳までの継続雇用制度（再雇用制度・勤務延長制度）
  ④70歳まで継続的に業務委託契約を締結する制度の導入
  ⑤70歳まで継続的に以下の事業に従事できる制度の導入
    a）事業主が自ら実施する社会貢献事業
    b）事業主が委託、出資（資金提供）等する団体が行なう社会貢献事業

努力義務

1-11 テレワークで広がる労働参加②
障がい者

2021年3月からの法定雇用率は2.3%に

　現在、日本において在宅で生活する、生産年齢層の障がい者約365万3,000人（令和元年『障害者白書』（内閣府））のうち、雇用されている人は約56万人（令和元年「障害者雇用状況の集計結果」（厚生労働省））と約15％程度にとどまっています。

　障がい者の雇用については、一般労働者と同じ水準で常用労働者となり得る機会を設けるために、常用労働者の数に対する雇用割合（**法定雇用率**）が設定されています。そして、国や地方公共団体、民間企業はこの法定雇用率にもとづき、障がい者の雇用義務が課せられます。

　法定雇用率は、少なくとも５年ごとに見直すことになっており、直近では2018年４月に2.2％に引き上げられています。その際、2021年４月１日までには2.3％へ引き上げられることが決定しており、今回その引上げが2021年３月に行なわれることになりました。これに伴い、１人以上の障がい者を雇用すべき企業の範囲が、労働者数43.5人以上に広がります。

障がい者雇用納付金制度とは

　障がい者の雇用に伴う企業の経済的負担の調整を図り、障がい者の雇用水準を引き上げるため、国が法定雇用率の未達成企業から納付金を徴収し、法定雇用率を達成した企業に対して調整金や報奨金を支給する「障がい者雇用納付金制度」が設けられています。

　この納付金の制度は、企業による自主申告・納付を基本としており、申告義務のある企業は、常用労働者数が100人超となる企業です。

◎障がい者雇用率達成指導の流れ◎

障がい者の実雇用率の低い事業主は、下記の流れで雇用率達成指導が行なわれ、「雇入れ計画」の着実な実施による障がい者雇用の推進が指導されます。

雇用状況報告
毎年6月1日の状況を報告

雇入計画作成命令
2年間の計画を作成するよう、公共職業安定所長が命令

雇入計画の適正実施勧告
計画の実施状況が悪い事業主に対し、適正な実施を勧告

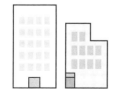

　常用労働者としてカウントされるのは次の①〜③のいずれかに該当する労働者です。

①雇用期間の定めがない労働者
②雇用期間の定めがある労働者であって、その雇用が更新され、雇入れから１年を超えて引き続き雇用されることが見込まれる労働者
③過去１年を超える期間について引き続き雇用されている労働者
　（※１）　週の所定労働時間が30時間以上の場合は常用労働者１人としてカウント。
　（※２）　①から③のいずれかに該当し、週の所定労働時間が20時間〜30時間の場合は、常用労働者0.5人としてカウント。

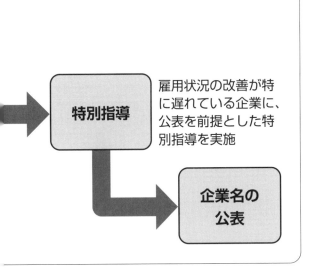

特別指導　雇用状況の改善が特に遅れている企業に、公表を前提とした特別指導を実施

企業名の公表

🖥 障がい者をテレワークで雇用

　このように、企業には障がい者の雇用が求められていますが、障がい者雇用の経験が少なかったり、社内のバリアフリー状況も不十分だったりと、雇用したくてもどのようにしたらいいのか戸惑っている企業もあります。

　また、障がい者の求人・求職状況をみると、都市部では求人が多いなかでその充足率が比較的低く、地方では求人が比較的少ないなかでその充足率が高い傾向にあります。

　こういった問題を解決する1つの手段として、テレワークが有効であると考えられます。

　障がいがあって通勤が難しい障がい者、オフィス勤務が難しい障がい者、あるいは、そもそも地方に住んでいてその地域には希望する就職先がない障がい者——そのような方々も、在宅勤務であれば働くことができるかもしれません。

　また、テレワークの活用により、会社内のバリアフリー化についても、従来のオフィス勤務と比べ、在宅勤務のほうが、緩やかであっても問題が生じにくいでしょう。

　障がい者の雇用を進めるにあたって、テレワークの活用は労使双方にとってメリットが大きいのではないでしょうか。

1-12 テレワークで広がる労働参加③ 長期病気療養者

💻 治療と仕事を両立させる

近年の診断技術や治療方法の進歩により、かつては「不治の病」とされていた疾病においても生存率が向上し、「治せる病気」や「長く付き合う病気」に変化しつつあります。労働者が病気になったからといって、すぐに離職しなければならない、という状況が必ずしも当てはまらなくなってきています。

しかし、疾病や障がいを抱える労働者のなかには、業務上の理由で適切な治療を受けることができなかったり、疾病に対する労働者自身の不十分な理解や、職場の理解・支援体制の不足により、離職に至ってしまう場合も多く見られます。

労働者が、業務によって疾病を増悪させることなく、治療と仕事の両立を図るための会社による取り組みは、労働者の健康確保という意義とともに、継続的な人材の確保、労働者の安心感やモチベーションの向上による人材の定着・生産性の向上、健康経営の実現、多様な人材の活用による組織や事業の活性化、組織としての社会的責任の実現、労働者のワークライフバランスの実現といった意義もあると考えられます。

そして、治療と仕事の両立する働き方のひとつとして有効であると考えられるのが、「テレワーク」です。テレワークであれば、療養中の自宅からでも就業できますし、場合によっては入院中の病院でも業務を行なえるかもしれません。

💻 どのようなことに注意すべきか

治療と仕事の両立を支援するには、入院や通院、療養のための時間の確保等が必要になるだけでなく、疾病の症状や治療の副作用、

◎両立支援の進め方◎

情報収集
- 治療を必要とする労働者が、仕事との両立に必要な情報を収集して会社に提出
- 労働者からの情報が不十分な場合、産業医等または人事労務担当者が、労働者本人の同意を得たうえで、主治医から情報の提供を受ける

産業医等の意見聴取
- 収集した情報を、会社から産業医等に提供し、就業継続の可否、就業上の措置、治療に対する配慮に関する意見を聴取

就業継続の判断
- 会社が、主治医や産業医等の意見を勘案し、就業継続の可否を判断

決定・実施
- 就業上の措置、治療に対する配慮の内容、実施時期等を会社が決定し、実施

休業等が必要となった場合
- 会社が労働者の長期休業等が必要と判断した場合、休業開始前の対応・休業中のフォローアップを会社が行なう
- 主治医や産業医等の意見、本人の意向、復帰予定の部署の意見等を総合的に勘案し、職場復帰の可否を判断したうえで、復帰後の就業上の措置、治療に対する配慮の内容、実施事項等を会社が決定し、実施

障がい等によって、労働者自身の業務遂行能力が一時的に低下する場合などもありますので、このような点も念頭に置いておかなくてはなりません。時間的な制約に対する配慮だけでなく、労働者本人の健康状態や業務遂行能力も踏まえた就業上の措置等が必要となるのです。

　また、症状や治療方法などは個人ごとに大きく異なるため、個人ごとに取るべき対応やその時期等は異なり、個別事例の特性に応じた配慮が必要となります。

🖥 治療と仕事の両立を支援する流れは

　治療と仕事の両立の支援は前ページの流れで進めることが望ましいでしょう。

　労働者としっかりコミュニケーションを取りながら、テレワークを含めた就業体制を築いていきましょう。

テレワークで広がる労働参加④ 国内非居住者

🖥 在外邦人、外国人も雇用できる

　テレワークを実現すれば、海外に居住する日本人も、海外の現地人も、雇用可能になります。

　たとえば、海外に拠点がなくても海外の求人サイトに応募をかけ、テレワークで雇用するといった方法も取れるようになります。テレワークであれば、地域が制限されないので、海外にいる優秀な人材を確保することもできるのです。

　あるいは、これまで日本に居住し、日本の企業に雇用されていた日本人労働者が、家族の海外転勤に帯同することになったような場合、これまでの働き方であれば、退職を余儀なくされていましたが、テレワークであれば、その従業員が継続して働くことも可能となります。キャリアが途絶えることなく就労可能となれば、従業員にとっても、企業にとっても、Win-Winな結果になるかもしれません。

🖥 24時間365日、事業活動を行なうことも可能に

　国内非居住者とのテレワークでは、時差が発生します。時差を上手に利用すれば、24時間365日、業務を継続することも可能です。

　たとえば、日本とアルゼンチンの時差は、12時間あります。日本が夜のとき、アルゼンチンは朝ということになりますから、この時差を利用すれば、日本で夜までに行なった仕事を、アルゼンチンに引き継ぐことで、翌朝、日本では仕事が完了している、ということも可能かもしれません。

　もちろん、長時間労働になってはいけませんが、複数の国や地域で連携して業務を行なうことで、24時間365日、事業活動を行なうことも不可能ではありません。

💻 労働基準法も遵守しよう

　国内に居住していない労働者であっても、日本の事業場からの指揮命令を受けて、業務に従事する以上、日本の労働基準法が適用されます。

　さらに、その労働者が居住する国や地域の労働関係法令も適用される可能性があるので、海外に居住する人を雇い入れる場合には、適用される法律について、十分に確認する必要があります。

💻 職務範囲、職責・役割を明確にする

　そして、雇用のしかたにも注意しなければなりません。

　これまでの日本の雇用の基本は、人に「仕事」をつける、いわゆるメンバーシップ型で、個々人の職務範囲や職責・役割が曖昧なため、集団的な仕事の進め方が一般的でした。

　ところが、仕事に「人」をつける、いわゆるジョブ型が基本の欧米では、職務範囲や職責・役割が明確化され、自律的に働ける専門職の割合が高くなっています。

　テレワークで非居住の外国人を雇用するにあたっては、職務範囲、職責・役割を明確にしたうえで自律的に働けること、加えて、自らの職務に関しての十分な知識と熟練スキルを持っていることが前提になります。

　そのため、求人の時点で、職務内容や給与などが「**ジョブ・ディスクリプション**」（**職務記述書**。196ページ参照）によって明確に定められている必要があるのです。

💻 職務給も検討しよう

　ジョブ型雇用とあわせて、検討しなければならないものが「**職務給**」です。職務給とは、職務（仕事）の難易度や責任の度合いを評価する賃金制度です。

　他方、これまで多くの日本企業で採用されてきた「**職能給**」は、

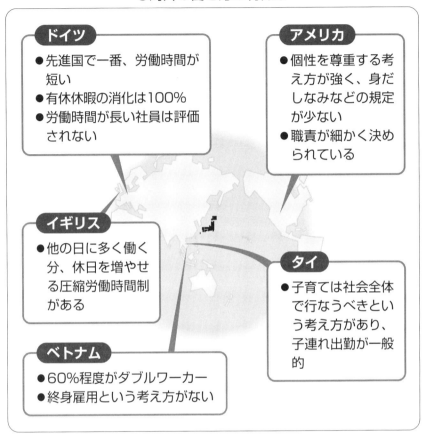

◎海外の働き方の特徴◎

ドイツ
- 先進国で一番、労働時間が短い
- 有休休暇の消化は100%
- 労働時間が長い社員は評価されない

アメリカ
- 個性を尊重する考え方が強く、身だしなみなどの規定が少ない
- 職責が細かく決められている

イギリス
- 他の日に多く働く分、休日を増やせる圧縮労働時間制がある

タイ
- 子育ては社会全体で行なうべきという考え方があり、子連れ出勤が一般的

ベトナム
- 60%程度がダブルワーカー
- 終身雇用という考え方がない

従業員個人の仕事を進める能力を評価する賃金制度で、経験や知識、ヒューマンスキルが評価に大きく影響します。

　職務給と職能給は、仕事の内容を評価するのか、仕事を進める能力を評価するのか、という点において異なります。

　ジョブ・ディスクリプションにより明確にされた職務に対しては、その対価として、職務給が支払われることが通常ですので、賃金制度についても検討すべきでしょう。

　そのほか、海外の働き方の特徴をいくつか、上図に紹介しておきました。

2章

テレワークを導入するときの
必須知識

Telework

2-1 テレワークを導入する目的は何か

🖥 まずは導入目的を明確にしよう

テレワークの導入について、最初に発言する人は、会社のトップであることもありますし、人事・総務部門であることもありますし、あるいは、従業員からの提案であることもあるでしょう。その立場によって、テレワークを導入したいと考えた経緯や目的は異なることが通常であると思います。

しかし、いざ会社としてテレワークを導入しようと決めたら、**なぜテレワークを導入するのか**はっきりしていなくてはならないので、まず最初に、テレワークの導入目的を明確にするとよいでしょう。

1－2項で述べたとおり、テレワークに期待される効果はさまざまありますが、会社として、テレワークの導入によって実現したいことを明らかにします。必ずしも、1つの目的に絞る必要はありませんが、「テレワークを導入すること」が目的になってしまわないように、テレワークにより実現したいことをはっきりさせましょう。

🖥 導入目的を共有しよう

導入目的が明確になったとしても、その導入目的が共有されていないと、その後のプロセスがスムーズに進まなくなってしまいます。

たとえば、1つの会社でテレワークを導入しようとするときに、ある人は「従業員の移動時間の短縮」を目的と考え、またある人は「非常時の事業継続の備え」を目的と考えている状態で、テレワークを導入しようと準備していくと、それぞれの方向性にズレが生じ、結果的に十分に目的を達成できなくなってしまうことがあります。

そこでまずは、目的を明確にし、それを共通認識とすること——これを最初のステップにするとよいでしょう。

◎テレワーク導入の流れ◎

- ●テレワークの導入目的を明確にし、共有する
- ●基本方針をまとめる
- ●社内コンセンサスを取る

- ●テレワークのルールを決める

- ●ICT環境を整備する
- ●セキュリティ対策

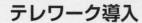

テレワーク導入

2-2 テレワークに関する基本方針の策定

🖥 基本方針を決めよう

　テレワークの導入目的が明確になり、その導入目的を共有したら、次に、テレワークに関する基本方針を決めるとよいでしょう。

　この基本方針には、主に以下の内容を定めます。

- ●導入目的
- ●テレワークを導入する部門
- ●テレワークの対象者
- ●テレワークの対象業務
- ●テレワークの実施頻度
- ●テレワーク時の労務管理

　なお、テレワークの対象者の選定にあたっては、関係者の理解を得られるように、十分な話し合いを行ない、基準を明確にしましょう。特に、育児や介護といったライフステージに関係したルールを策定する場合、テレワークの利用や対象者についてのルールは、従業員のニーズに合ったものでなければ十分な効果が期待できなくなってしまうので、あらかじめ、細かく調査し、ニーズをきちんと把握するようにしましょう。

　また、テレワークを実施しやすい業務、実施しにくい業務を整理し、テレワークの対象とする業務も明らかにする必要があります。ツールやシステムを導入することで、テレワークが実施可能となる業務もあるので、その場合には、その導入についても検討していくことになります。

◎テレワークの対象業務の整理のしかた◎

すぐにテレワークを実施できる業務

●個人がPCを使って単独で行なう業務
（データ入力・加工、資料の作成、企画）

すぐにはテレワークを実施できない業務

●実施可能なツールやシステムが整備されればテレワークが可能な業務
（ペーパーレス化、WEB会議システムの導入、セキュリティ対策など）

テレワークが難しい業務

●現場で物理的な操作を要する業務

社内の1つひとつの業務を整理しましょう！

就業規則の変更やテレワーク勤務規程の作成も

　テレワークを導入した場合の働き方についても考えなければなりません。社会保険労務士などのアドバイスも得ながら、労務管理について検討し、就業規則の変更やテレワーク勤務規程の作成も準備します（6章参照）。

2-3 社内コンセンサスの取り方

🖥 合意を得るための材料をそろえる

　基本方針が固まったら、テレワークの導入に向けて、会社内の合意を得ていきます。

　経営層からのトップダウンで、テレワークを導入する場合は、省略できるものもあると思いますが、基本的には以下の事項を踏まえて、企業の決裁フローに合わせて手続きを行なっていくことになるでしょう。

- ●基本方針に定めた導入目的や対象者、対象業務などを示す
- ●必要となる予算を示す
- ●テレワークによる効果のイメージを明らかにする
- ●導入時期を示す
- ●トライアルを行なう場合には、その予定を示す

🖥 労使で十分に話し合う

　企業としての合意を得ることは、もちろん必須ですが、テレワークの導入に向けては、従業員との話し合いも重要です。

　会社によって、労働組合の有無、労使委員会の有無など異なりますが、労使で認識に齟齬が生じないよう、労使間で十分な話し合いを行ない、認識を共有しましょう。

　話し合いでは、基本方針に定めた導入目的や対象者、対象業務を明らかにし、テレワークの実施方法や、テレワークの効果のイメージを伝えます。

　労働組合がある場合には労働組合、ない場合には労働者の過半数

◎社内コンセンサスのポイント◎

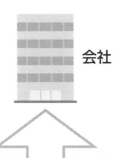

会社

- ☑ 起案
- ☑ 社内説明
  - ・基本方針に定めた内容
  - ・予算
  - ・効果　　など
- ☑ 決裁

推 進 担 当 者

- ☑ 労使間の話し合い
  - ・基本方針に定めた内容
  - ・効果
  - ・実施方法やイメージ　　など
- ☑ 合意

労働者

を代表する者との間で、合意を得ておくとよいでしょう。

　そして、従業員にとってのメリットもしっかり伝えて、従業員の意識を高めることができれば、テレワークの効果はより高いものになっていきます。

2-4 テレワークに関する 研修の実施

導入時のガイダンスを実施しよう

　テレワークの導入に際しては、その目的と必要性を、テレワークの対象者である従業員やその上司、関係する他の従業員が理解していることも肝要です。対象者と非対象者がともに、テレワークについて理解していなければ、円滑に業務をすすめることはできません。

　そのため、テレワークを導入するにあたっては、基本方針の内容などのガイダンスをぜひ実施しましょう。テレワークの対象者も非対象者も、このガイダンスを受け、積極的にテレワークを活用し、また支援できる環境を整えます。

管理職向けには別途、説明会を行なうことも

　テレワーク中の部下への業務管理や人事評価など、管理職として具体的に学ぶ機会も重要です。管理職向けには、別途、説明会等を実施することもよいでしょう。

ＰＣなどの操作についての研修は適宜実施する

　テレワーク勤務者に対する、テレワークで利用するツールの操作方法などについての研修は、状況に応じて行なうことでも差し支えありません。操作に関することなど、テレワーク勤務者がすでに十分に理解している場合もあるので、その場合にまでさらに操作方法の研修を実施しなくても、マニュアルさえ整備されていれば問題ないでしょう。

　ただし、技術的なトラブルが発生した場合の対応方法や問い合わせ先、あるいは情報セキュリティについては、テレワーク勤務者全員が理解している必要があります。

◎導入に向けた研修・説明会◎

基本方針等

- 基本方針に定めたテレワークの導入目的や対象者、対象業務
- テレワークによる効果
- 導入時期・計画
- テレワークのルール（規程など）
- テレワーク中の業務管理
- テレワーク中の労務管理
- テレワーク中のコミュニケーション

管理職向け

- テレワーク中の人事評価
- テレワーク時の育成方法
- テレワーク中の業務管理

技術的フォロー

- 利用するツールの操作方法
- 情報セキュリティ
- トラブル発生時の対応方法、問い合わせ先

3章

労働時間管理などの
「労務管理」のしかた

Telework

テレワークに関係する労働法

　テレワークを行なう者には、通常の労働者と同様に、労働基準法（以下、「労基法」）、労働契約法（以下、「労契法」）、最低賃金法（以下、「最賃法」）、労働安全衛生法（以下、「安衛法」）、労働者災害補償保険法（以下、「労災保険法」）等の労働基準関係法令が適用されます。

労働基準法（労基法）

　労基法上、テレワークを命じられるように、規程を整備・周知する必要があります。

　つまり、就業規則等に人事異動の一環としてあるいは就業形態の変更によってテレワークを命じることがあること、テレワーク勤務者に対する労働時間に関すること、通信料や備品の取扱いに関することなど、テレワーク制度に関する規定を定め、労働者に周知しなければなりません（同法89条、106条）。

　新たに雇い入れる者にテレワークによる在宅勤務を行なわせる場合には、労働契約を締結する際に、就業の場所が自宅であることを明示しなければなりません（同法15条1項）。

　それに加えて、自宅で勤務が行なわれるので、労働者の勤務時間帯と日常生活時間帯が混在せざるを得ない働き方であることから、一定の場合には、労働時間を算定し難い働き方として、労基法38条の2で規定する「事業場外労働のみなし労働時間制」（以下、「事業場外みなし労働時間制」）を適用することができます。

労働契約法（労契法）

　労契法上の留意点としては、すでに雇い入れている者にテレワー

クを行なわせるためには、労働契約の変更をできる限り書面で確認する（同法4条2項）ことはもとより、そもそも、就業規則にテレワーク制度に関する定めがなかった場合には、就業規則の変更手続きを取らなければならず、労働者と使用者が合意するか、変更の内容が導入趣旨や目的に照らして合理的なものでなければテレワークを命じることはできません（同法9条、10条）。

労働安全衛生法（安衛法）

安衛法上の注意点としては、事業者は、通常の労働者と同様に、テレワークを行なう労働者についても、その健康保持を確保する必要があり、必要な健康診断を行なうとともに（同法66条1項）、テレワークを行なう労働者を雇い入れたときは、必要な安全衛生教育を行なう必要があることがあげられます（同法59条1項）。

また、事業者はテレワークを行なう労働者の健康保持に努めるにあたって、労働者自身の健康を確保する観点から、「情報機器作業における労働衛生管理のためのガイドライン」（令和元年7月12日／基発0712第3号）に留意する必要があり、労働者に対し、その内容を周知し、必要な助言を行なうことが望ましいといえます。

労働者災害補償保険法（労災保険法）

労災保険法上、勤務場所がテレワーク先（自宅等）であっても業務が原因である災害については、業務上の災害として保険給付の対象となります。

したがって、当然、テレワーク中の業務に起因する傷病は保険給付の対象になりますが、自宅等における私的行為が原因である傷病については、業務上の災害とはなりません。

テレワーク時の労働時間管理①
通常の労働時間制度

 ## 「労働時間」とは

　「**労働時間**」は、「労働時間に該当するか否かは、労働者の行為が使用者の指揮命令下に置かれたものと評価することができるか否かにより客観的に定まるものであって、労働契約、就業規則、労働協約等の定めのいかんにより決定されるものではない」（三菱重工業長崎造船所事件／最高裁一小／平12.3.9判決）とした最高裁の判例でその定義が確立しており、端的にいうと、**労働時間は労働者が労働契約にもとづいて、使用者の指揮命令下に置かれている時間**と解されています。

　ここでいう「使用者の指揮命令下に置かれたものと評価できるか否か」のポイントは、使用者から業務の遂行を義務づけられているか、または余儀なくされているかどうかによって判断されます。

　そして、労働基準法32条では、次のように定められています。

> 使用者は労働者に、休憩時間を除いて1週間について40時間を超えて、また、1週間の各日については8時間を超えて労働させてはならない。

　これを「**法定労働時間**」と呼びます。この法定労働時間の規制に違反して労働者に労働させた使用者には、6か月以下の懲役または30万円以下の罰金が科せられます。

　他方、法定労働時間の範囲内で会社が就業規則等で独自に決めることができる労働時間を「**所定労働時間**」といいます。たとえば、就業規則において就業時間を「午前9時から午後5時まで（休憩1時間を除く）」と定めている会社の場合、所定労働時間は7時間と

◎テレワーク対象者の労働時間制度◎

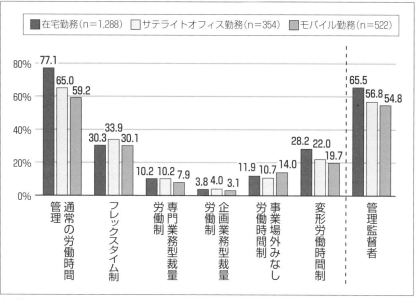

■在宅勤務(n=1,288) □サテライトオフィス勤務(n=354) ■モバイル勤務(n=522)

- 通常の労働時間管理: 77.1 / 65.0 / 59.2
- フレックスタイム制: 30.3 / 33.9 / 30.1
- 専門業務型裁量労働制: 10.2 / 10.2 / 7.9
- 企画業務型裁量労働制: 3.8 / 4.0 / 3.1
- 事業場外みなし労働時間制: 11.9 / 10.7 / 14.0
- 変形労働時間制: 28.2 / 22.0 / 19.7
- 管理監督者: 65.5 / 56.8 / 54.8

(三菱ＵＦＪリサーチ＆コンサルティング「テレワークの労務管理等に関する実態調査」より)

いうことになって、法定労働時間の8時間とは必ずしもリンクしないことも少なくありません。

　テレワークにおいても、法定労働時間と所定労働時間に留意しつつ運用することが求められますが、テレワーク対象労働者に適用する労働時間制度は、上図のとおり、通常の労働時間制度の占める割合が大きく、その他、変形労働時間制、フレックスタイム制、裁量労働制、事業場外みなし労働時間制などを導入している企業が散見されます。

　なお、通常の労働時間制度にもとづきテレワークを行なう場合についても、使用者は、その労働者の労働時間について適正に把握する責務を有し、みなし労働時間制が適用される労働者や労基法41条に規定する労働者を除き、「労働時間の適正な把握のために使用者が講ずべき措置に関するガイドライン」（平成29年1月20日策定）にもとづき、適切に労働時間管理を行なう必要があります。

◎「労働時間の適正な把握のために使用者が講ずべき
措置に関するガイドライン」の主なポイント◎

●使用者には労働時間を適正に把握する責務があること

＜労働時間の考え方＞
●労働時間とは使用者の指揮命令下に置かれている時間であり、使用者の明示または黙示の指示により労働者が業務に従事する時間は労働時間に当たること
●たとえば、参加することが業務上義務づけられている研修・教育訓練の受講や、使用者の指示により業務に必要な学習等を行なっていた時間は労働時間に該当すること

＜労働時間の適正な把握のために使用者が講ずべき措置＞
●使用者は、労働者の労働日ごとの始業・終業時刻を確認し、適正に記録すること
（１）原則的な方法
●使用者が、自ら現認することにより確認すること
●タイムカード、ＩＣカード、パソコンの使用時間の記録等の客観的な記録を基礎として確認し、適正に記録すること
（２）やむを得ず自己申告制で労働時間を把握する場合
①自己申告を行なう労働者や、労働時間を管理する者に対しても自己申告制の適正な運用等ガイドラインにもとづく措置等について、十分な説明を行なうこと
②自己申告により把握した労働時間と、入退場記録やパソコンの使用時間等から把握した在社時間との間に著しい乖離がある場合には実態調査を実施し、所要の労働時間の補正をすること
③使用者は労働者が自己申告できる時間数の上限を設ける等、適正な自己申告を阻害する措置を設けてはならないこと。さらに３６協定の延長することができる時間数を超えて労働しているにもかかわらず、記録上これを守っているようにすることが、労働者等において慣習的に行なわれていないか確認すること
●賃金台帳の適正な調製
　使用者は、労働者ごとに、労働日数、労働時間数、休日労働時間数、時間外労働時間数、深夜労働時間数といった事項を適正に記入しなければならないこと

同ガイドラインにおいては、労働時間を記録する原則的な方法として、パソコンの使用時間の記録等の客観的な記録によること等があげられています。

また、やむを得ず自己申告制によって労働時間の把握を行なう場合においても、同ガイドラインを踏まえた措置を講ずる必要があります。

🖥 「休日」とは

「休日」とは、労働契約上では「**労働の義務がない日**」とされています。つまり、労働日について労働者からの申請によって取得することとなる「**休暇**」とは異なり、もともと働かなくてもよい日、ということができます。

そして、この休日の単位は、原則として**1暦日、すなわち午前0時から午後12時まで**とされています。

また、労基法35条において、次のように定められています。

> 休日は、1週間に1回または4週間に4日、与えなければならない。

これを「**法定休日**」といいます。

他方、使用者が就業規則等の規定によって任意に定めることができる休日を「**所定休日**」といい、法定休日とは区分されます。

その他、業務の都合によって休日に労働させる事由が生じた場合に、休日を労働日に振り替えることがあります。この「**休日の振替**」とは、あらかじめ休日と定められていた日を労働日とし、その代わりに他の労働日を休日とすることをいいます。

これにより、あらかじめ休日と定められた日が「労働日」となり、その代わりとして振り替えられた日が「休日」となります。したがって、もともとの休日に労働させた日については「休日労働」とはならず、休日労働に対する割増賃金の支払義務も発生しません。

一方、いわゆる「**代休**」とは、休日労働が行なわれた場合に、その代償として事後的に特定の労働日を休みとするものであって、前もって休日を振り替えたことにはなりません。したがって、休日労働分の割増賃金を支払う必要があります。

　このような休日についても、労働契約上の労働者である以上、当然のことながらテレワーク勤務者にも適用されることになります。

🖥 「休憩時間」とは

　「**休憩時間**」は、就労に従事している時間が長く継続されると、労働者の心身に疲労をもたらすうえ、労働災害が起きやすくなったり、作業能率が低下したりするおそれもあるので、疲労回復のために与えられる時間をいいます。また、労働者にとっての自由の回復という意味も合わせもっています。

　労基法34条では、次のように定められています。

> 使用者は、労働者に対して労働時間が６時間を超え８時間以内の場合は少なくとも45分、８時間を超える場合は少なくとも１時間の休憩時間を与えなければならない。

　この休憩時間には、以下の３つの原則があります。

> ①**労働時間途中付与の原則**
> 　休憩時間は、労働時間の途中に与えられなければならない。
> ②**一斉付与の原則**
> 　休憩は、一斉に与えなければならない。
> ③**自由利用の原則**
> 　休憩時間は、権利として労働から離れることを保障した時間であるため、その休憩時間を自由に利用させなければならない。

　このうち「②一斉付与の原則」について、以下の業種においては

一斉休憩の適用除外に関する労使協定

株式会社　○○○○　と従業員代表　　　　　　は、休憩時間について、下記のとおり協定する。

記

1　テレワーク業務に従事する社員については、個別的に、休憩時間を与えるものとする。
2　休憩時間は、所定労働時間の範囲内における60分とする。
3　テレワークに従事する社員は、休憩を取得する際、あらかじめ所属長に連絡するものとする。
4　本協定の有効期間は、　　年　　月　　日より　　年　　月　　日までの1年間とし、会社、従業員代表双方に異議のない場合には、1年間延長するものとする。また、それ以降についても同じ取扱いとする。

　　　年　　月　　日

　　　　　　　　　　　　　　株式会社○○○○
　　　　　　　　　　　　　　代表取締役　　　　　　㊞
　　　　　　　　　　　　　　従業員代表　　　　　　㊞

休憩時間を一斉に与える必要がないことになっています。

官公署、接客娯楽業、通信業、映画・演劇業、金融・広告業、
運輸交通業、保健衛生業、商業

また、上記以外の業種であっても、労使協定を締結することにより一斉付与を適用除外することができます。

在宅での勤務等は子どもの保育園への送迎、日用品の購入等のために外出することも少なくないため、テレワーク勤務者に対する柔軟な働き方の一環として、一斉に付与することを避けたいところです。**労使協定を締結**することによって、一斉付与の原則を適用除外とすることが可能となるので、ぜひ労使協定を締結しておきましょう（労使協定書は前ページのモデル例を参照）。

なお、テレワーク勤務者について、本来、休憩時間とされていた時間に使用者が出社を求める等、具体的な業務のために就業場所間の移動を命じた場合、その移動は労働時間と考えられるため、別途、休憩時間を確保する必要が生じますので留意してください。

🖥 「移動時間」の取扱い

テレワークの性質上、通勤時間や出張旅行中の「**移動時間**」に、情報通信機器を用いて業務を行なうことが可能となりますが、これらの時間が、使用者の明示または黙示の指揮命令下で行なわれる場合には、労働時間であると解されます。

たとえば、テレワーク時の業務の進捗によっては、午前中だけ自宅等で勤務をしたのちに、午後から出勤して会社で業務に従事するなど、1日のなかでテレワークと会社勤務が混在することがあります。

こうした場合の就業場所間の移動時間が労働時間に該当するのか否かについては、使用者の指揮命令下に置かれている時間であるか否かにより、個別・具体的に判断されることになります。

◎移動時間の取扱いのルール◎

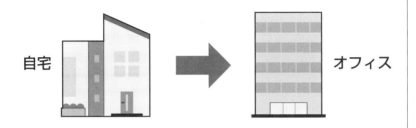

- 単に労働者自らの都合により就業場所間を移動し、その自由利用が保障されているような時間については「休憩時間」

- 使用者が労働者に対し、業務に従事するために必要な就業場所間の移動を命じており、その間の自由利用が保障されていない場合の移動時間は「労働時間」

　使用者が移動することをテレワーク勤務者に命ずることなく、単にテレワーク勤務者自らの都合により就業場所間を移動し、その自由利用が保障されているような時間である場合には、使用者の指示を受けてモバイル勤務等に従事している場合を除いて、労働から完全に解放されていることから休憩時間として取り扱うことが可能となります。

　他方、使用者がテレワーク勤務者に対し業務に従事するために必要な就業場所間の移動を命じており、その間の自由利用が保障されていない場合の移動時間は、労働時間に該当することになります。

「中抜け時間」の取扱い

　在宅勤務等のテレワークに際しては、子どもの保育園への送り迎えや、銀行・役所等へ赴く等の日常生活において必要となる外出など、一定程度、テレワーク勤務者が業務から離れる時間、いわゆる

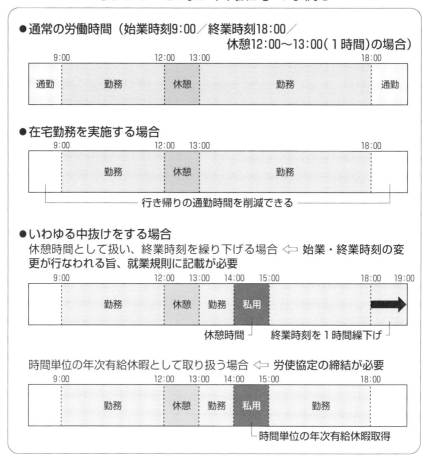

◎テレワーク時の「中抜け」の事例◎

● 通常の労働時間（始業時刻9：00／終業時刻18：00／
　　　　　　　　　　　　　休憩12：00〜13：00（1時間）の場合）

| 通勤 | 勤務 | 休憩 | 勤務 | 通勤 |

● 在宅勤務を実施する場合

| 勤務 | 休憩 | 勤務 |

行き帰りの通勤時間を削減できる

● いわゆる中抜けをする場合
　休憩時間として扱い、終業時刻を繰り下げる場合　⇦　始業・終業時刻の変更が行なわれる旨、就業規則に記載が必要

| 勤務 | 休憩 | 勤務 | 私用 |

休憩時間　　終業時刻を1時間繰下げ

　時間単位の年次有給休暇として取り扱う場合　⇦　労使協定の締結が必要

| 勤務 | 休憩 | 勤務 | 私用 | 勤務 |

時間単位の年次有給休暇取得

「**中抜け時間**」が生じることがあります。

　この「中抜け時間」について、使用者が業務の指示をしないこととし、テレワーク勤務者が労働から離れ、自由に利用することが保障されている場合は、その開始と終了の時間を報告させる等により、休憩時間として取り扱い、テレワーク勤務者の要望に応じる形で、始業時刻を繰り上げる、または終業時刻を繰り下げることができます。

　また、あらかじめ労使協定を締結することによっている場合は、

時間単位の年次有給休暇に関する労使協定

株式会社　○○○○　と従業員代表　　　　　　　は、年次有給休暇を時間単位で付与することに関し、以下のとおり協定する。

第１条（対象者）
　すべての労働者を対象とする。

第２条（日数の上限）
　年次有給休暇を時間単位で取得することができる日数は５日以内とする。

第３条（１日分の年次有給休暇に相当する時間単位年休）
　年次有給休暇を時間単位で取得する場合は、１日分の年次有給休暇に相当する時間数を８時間とする。

第４条（取得単位）
　年次有給休暇を時間単位で取得する場合は、１時間単位で取得するものとする。

　　　　年　　　月　　　日

　　　　　　　　　　　　　株式会社○○○○
　　　　　　　　　　　　　代表取締役　　　　　　　㊞
　　　　　　　　　　　　　従業員代表　　　　　　　㊞

休憩時間ではなく時間単位の年次有給休暇として取り扱うことも可能となります（労使協定書は前ページのモデル例を参照）。

　ただし、いずれにせよ、こうした取扱いについてあらかじめ就業規則に規定しておくことが必要であり、何の根拠もなく使用者が所定労働時間を一方的に変更することはできませんので、注意が必要です。

　その意味では、テレワークの制度の導入にあたっては、いわゆる中抜け時間や部分的テレワークの移動時間の取扱いについて、上記の考え方にもとづき、労働者と使用者との間でその取扱いについて合意を得ておくことが望ましいといえます。

3-3 テレワーク時の労働時間管理②
１か月単位の変形労働時間制

🖥 「１か月単位の変形労働時間制」とは

「１か月単位の変形労働時間制」とは、１か月以内の一定の期間を平均し、１週間の労働時間が法定労働時間である週40時間（特例措置対象事業場は44時間）以内の範囲内において、１日あるいは１週間の法定労働時間を超えて労働させることができる制度です。

変形してもかまわない期間は、あくまでも「１か月以内」ですから、１か月ジャストである必要はなく、２週間単位でも４週間単位などでも差し支えありません。

「１か月単位の変形労働時間制」を導入するには、**労使協定の定めまたは就業規則等の定めが必要**となります。しかし、労使協定にもとづいて実施する場合でも、実施するには根拠が必要となりますから、結局のところ、労使協定にもとづく旨を就業規則等に記載する必要があります。

労使協定にもとづく場合には、事業場ごとに、労働者の過半数で組織する労働組合がある場合はその労働組合、それがない場合には労働者の過半数代表者との間で書面協定を締結し、これを所轄労働基準監督署へ届け出る必要があります。

労使協定で定める事項は、次のとおりです。

①１か月単位の一定期間を平均し、１週間の労働時間が40時間
　（特例措置対象事業場は44時間）を超えないこと
②変形期間
③変形期間の起算日
④対象労働者の範囲
⑤変形期間の各日、各週の労働時間

　一方、就業規則等のみにもとづいて実施する場合も、原則として定めるべき事項は労使協定と同様ですが、労基法89条で定められている就業規則の絶対的必要記載事項として「始業・終業の時刻」の記載にも考慮し、各勤務日の始業・終業の時刻を具体的に就業規則に特定しておくことが必要です。

　そのほか、変形期間は1か月以内であること、変形期間における所定労働時間の総枠を超えてはいけないこと、そして、変形期間の起算日について、就業規則に明確に規定しなければなりません。

　テレワークにおいて、1か月単位の変形労働時間制を採用する場合においても、これらの要件を満たさなければならないので注意を要します。

◎1か月の労働時間の総枠◎

$$1か月の労働時間の総枠 = \frac{1週間の法定労働時間 \times 変形期間の暦日数}{7日}$$

● 1か月の労働時間の総枠

1か月の暦日数	労働時間の総枠
31日	177時間08分（194時間51分）
30日	171時間25分（188時間34分）
29日	165時間42分（182時間17分）
28日	160時間00分（176時間00分）

※（　）内は特例措置対象事業場の場合

3-4 テレワーク時の労働時間管理③ フレックスタイム制

3章

労働時間管理などの「労務管理」のしかた

🖥️ 「フレックスタイム制」とは

「フレックスタイム制」とは、1か月～3か月の一定期間（清算期間）における総労働時間をあらかじめ決めておき、労働者はその枠内で各日の始業および終業の時刻を自主的に決定して働く制度です。

テレワークにおいても、フレックスタイム制を活用することが可能であり、たとえば、労働者の都合に合わせて、始業や終業の時刻を調整することや、オフィス勤務の日は労働時間を長く、一方で在宅勤務の日の労働時間を短くして家庭生活に充てる時間を増やす、といった運用が可能です。

また、中抜けや移動時間などについても、労働者自らの判断により、その時間分その日の終業時刻を遅くしたり、清算期間の範囲内で他の労働日において労働時間を調整したりすることが可能であるといえます。

ただし、フレックスタイム制は、あくまで始業および終業の時刻を労働者の決定に委ねる制度であるため、テレワークを行なう場合についても、使用者は、その労働者の労働時間について適正に把握する責務を有し、みなし労働時間制が適用される労働者や労基法41条に規定する労働者を除き、「労働時間の適正な把握のために使用者が講ずべき措置に関するガイドライン」（平成29年1月20日策定）にもとづき、適切に労働時間管理を行なわなければなりません。

フレックスタイム制は一般に、1日の労働時間帯を、必ず勤務すべき時間帯（コアタイム）と、その時間帯のなかであればいつ出社または退社してもよい時間帯（フレキシブルタイム）とに分けて、始業、終業の時刻を労働者の決定に委ねるケースが多く見受けられ

77

◎フレックスタイム制のしくみ◎

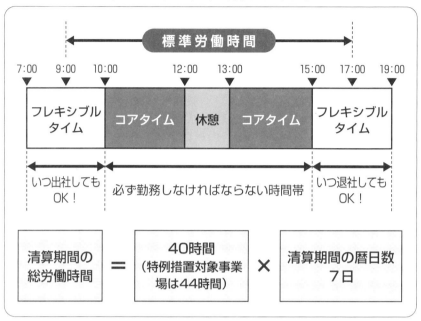

ます。

　ただし、コアタイムを必ず設ける必要はなく、1日の労働時間帯のすべてをフレキシブルタイムとすることも可能です。

　これとは逆に、コアタイムがほとんどでフレキシブルタイムが極端に短い場合などは、始業および終業の時刻を労働者の決定に委ねたことにはなりませんから、法の趣旨に反し、フレックスタイム制とはみなされません。

労使協定を締結する際の必須事項

　フレックスタイム制の導入にあたっては、就業規則その他これに準ずるもので、始業および終業の時刻を労働者の決定に委ねる旨を定め、事業場の過半数労働組合、それがない場合は過半数代表者と労使協定を締結する必要があります。

　労使協定を締結する場合は、以下の①～⑤の事項について定めま

す。

①フレックスタイム制を適用する労働者の範囲

　フレックスタイム制を適用する労働者の範囲を明確に定めることが必要です。この場合、対象となる労働者の範囲を「テレワーク勤務者」あるいは「特定の職種の労働者」と定めることができます。個人ごと、課ごと、グループごと等、さまざまな範囲も考えられます。

②3か月以内の清算期間とその起算日

　清算期間は、労働契約上、労働者が労働すべき時間を定める期間で、3か月以内とされています。ただし、単に「3か月」としてはならず、「毎月1日から月末まで」「4月、7月、10月、1月の1日から翌々月末日まで」などと定めることが必要です。

③清算期間中に労働すべき総労働時間

　労働契約上、労働者が清算期間内において労働すべき時間として定められている時間のことで、「週法定労働時間×（清算期間の暦日数÷7日）」という計算式で求められます。

④標準となる1日の労働時間

　フレックスタイム制を採用している労働者がその清算期間内において、有給休暇を取得したときには、その取得した日については、標準となる労働時間を労働したものとして取り扱うこととなります。

⑤コアタイム、フレキシブルタイムを設ける場合はその開始・終了時刻

　コアタイム、フレキシブルタイム等を設ける場合は、必ず労使協定でその開始および終了時刻を定めます。なお、コアタイム等については、法令上必ずしも設けなければならないものではありません。

◎「フレックスタイム制に関する労使協定書」のモデル例◎

フレックスタイム制に関する労使協定

株式会社○○○○と社員代表　　　　とは、労働基準法第32条
の３の規定にもとづき、フレックスタイム制について、次のと
おり協定する。

（フレックスタイム制の適用社員）
第１条　テレワーク勤務を行なうすべての従業員にフレックス
　　タイム制を適用する。
（清算期間）
第２条　労働時間の清算期間は、４月、７月、10月、１月の１
　　日から翌々月末日までの３か月間とする。
（総労働時間）
第３条　清算期間における総労働時間は、１日７時間に清算期
　　間中の所定労働日数を乗じて得られた時間数とする。
　　　　総労働時間＝７時間×３か月の所定労働日数
（１日の標準労働時間）
第４条　１日の標準労働時間は、７時間とする。
（コアタイム）
第５条　必ず労働しなければならない時間帯は、午前10時から
　　午後３時までとする。
（フレキシブルタイム）
第６条　適用社員の選択により労働することができる時間帯は、
　　次のとおりとする。
　　　　始業時間帯＝午前６時から午前10時までの間
　　　　終業時間帯＝午後３時から午後７時までの間

（超過時間の取扱い）

第7条　清算期間中の実労働時間が総労働時間を超過したとき
　　は、会社は、超過した時間に対して時間外割増賃金を支給す
　　る。

（不足時間の取扱い）

第8条　清算期間中の実労働時間が総労働時間に不足したとき
　　は、不足時間に相当する賃金を控除する。

（有効期間）

第9条　本協定の有効期間は、20XX年○月○日から1年とする。

20XX年○月○日

　　　　　　　　　　　　　　　株式会社○○○○

　　　　　　　　　　　　　　　代表取締役　　　　　　㊞

　　　　　　　　　　　　　　　社員代表　　　　　　　㊞

🖥 フレックスタイム制の留意点

　フレックスタイム制は、労働者が日々の始業・終業時刻、労働時間を自ら決めることによって、生活と業務との調和を図りながら効率的に働くことができる制度です。

　フレックスタイム制の清算期間の上限は、以前は1か月でしたが、2019年4月から3か月まで延長することができるようになりました。清算期間を、1か月を超え3か月以内とする場合、労使協定を所轄労働基準監督署長に提出しなければなりません。これに違反した場合は、30万円以下の罰金に処されます。

　労働させることができる時間は、清算期間を平均して1週間当たりの労働時間が40時間以内であることとされていますが、清算期間が1か月を超え3か月以内の場合は、さらに、清算期間をその開始の日以後1か月ごとに区分した期間において、平均して1週間当たり50時間を超えないことが必要とされています。この場合、1週間

◎フレックスタイム制の労働時間の考え方◎

①3か月間の法定労働時間の総枠
　　　　　　　＝40時間×清算期間の暦日数／7

②各月の週50時間の総労働時間
　　　　　　　＝50時間×1か月の暦日数／7

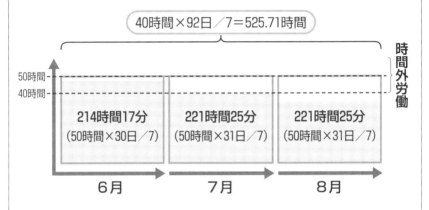

● 法定労働時間の総枠

1か月単位		2か月単位		3か月単位	
清算期間の 暦日数	法定労働時 間の総枠	清算期間の 暦日数	法定労働時 間の総枠	清算期間の 暦日数	法定労働時 間の総枠
31日	177.1時間	62日	354.2時間	92日	525.7時間
30日	171.4時間	61日	348.5時間	91日	520.0時間
29日	165.7時間	60日	342.8時間	90日	514.2時間
28日	160.0時間	59日	337.1時間	89日	508.5時間

当たり50時間を超えて労働させた時間については、その超えた月において割増賃金を支払わなければなりません。

3-5 テレワーク時の労働時間管理④ 事業場外みなし労働時間制

🖳 「事業場外みなし労働時間制」とは

「事業場外労働に関するみなし労働時間制」（事業場外みなし労働時間制）は、まず、労働者が事業場外で労働し、労働時間の算定が困難な場合に、**所定労働時間を労働したものとみなす**という制度です。ただし、通常、所定労働時間を超えて労働する必要がある場合には、「当該業務の遂行に通常必要とされる時間」を労働したものとみなされます。

そして、この「当該業務の遂行に通常必要とされる時間」については、事業場の過半数労働組合、それがない場合は過半数労働者の代表者との書面による協定において定めることもできます。この場合、協定を結んだ時間が法定労働時間を超える場合には、所轄労働基準監督署への届出が必要となります。

ところが、事業場外で業務に従事する場合であっても、以下にあげるような使用者の具体的な指揮監督が及んでいる場合には、労働時間の算定が可能であるとして、みなし労働時間制は適用されません（昭63.1.1基発・婦発1号）。

①何人かのグループで事業場外労働に従事する場合で、そのメンバーのなかに労働時間の管理をする者がいる場合

②事業場外で業務に従事するが、無線やポケットベル（携帯電話）等によって随時、使用者の指示を受けながら労働している場合

③事業場において、訪問先、帰社時刻等、当日の業務の具体的な指示を受けたのち、事業場外で指示どおりに業務に従事し、その後、事業場に戻る場合

したがって、外回りあるいは出張中に管理者が同行して指揮監督

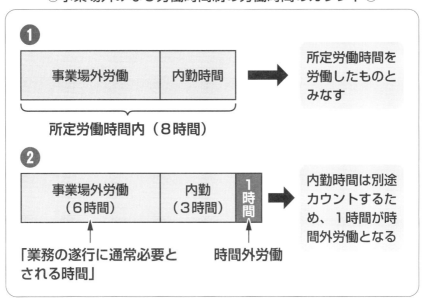

◎事業場外みなし労働時間制の労働時間のカウント◎

❶

事業場外労働	内勤時間

所定労働時間内（8時間）

➡ 所定労働時間を労働したものとみなす

❷

事業場外労働（6時間）	内勤（3時間）	1時間

「業務の遂行に通常必要とされる時間」　　時間外労働

➡ 内勤時間は別途カウントするため、1時間が時間外労働となる

を受ける場合や、外回り・出張に出かける前に入念な具体的指示を受けている場合は、みなし労働時間制の適用は受けられません。また、②のように携帯電話等で管理者からそのつど具体的な指示を受ける場合は、みなし労働時間制の適用は認められませんが、携帯電話を所持していたとしても、その理由が業務の具体的な指示を受けることではなく、緊急時に連絡をとるためのものである場合には、この限りではありません。

🖥 テレワークの場合の必須要件

　テレワークにより、労働者が労働時間の全部または一部について、自宅やコワーキングスペースなどの事業場外で業務に従事した場合においても、使用者の具体的な指揮監督が及ばず、労働時間を算定することが困難なときは、労基法38条の2で規定する「事業場外労働のみなし労働時間制」を適用することができます。

　テレワークにおいて、使用者の具体的な指揮監督が及ばず、労働

時間を算定することが困難であるというためには、以下の２つの要件のいずれも満たす必要があります。

①情報通信機器が、使用者の指示により常時通信可能な状態におくこととされていないこと

ここでいう「情報通信機器が、使用者の指示により常時通信可能な状態におくこととされていないこと」とは、情報通信機器を通じた使用者の指示に即応する義務がない状態であることを指します。すなわち、いわゆる「即レス」が求められていないことです。なお、この使用者の指示には黙示の指示も含まれます。

また、「**使用者の指示に即応する義務がない状態**」とは、使用者が労働者に対して情報通信機器を用いて随時、具体的指示を行なうことが可能であり、かつ、使用者からの具体的な指示に備えて待機しつつ実作業を行なっている状態または手待ち状態で待機している状態にはないことを指します。

たとえば、回線が接続されているだけで、労働者が自由に情報通信機器から離れることや通信可能な状態を切断することが認められている場合、会社支給の携帯電話等を所持していても、労働者の即応の義務が課されていないことが明らかである場合等は「使用者の指示に即応する義務がない」場合に当たります。

したがって、サテライトオフィス勤務等で、常時回線が接続されており、その間労働者が自由に情報通信機器から離れたり通信可能な状態を切断したりすることが認められず、また使用者の指示に対し労働者が即応する義務が課されている場合には、「情報通信機器が、使用者の指示により常時通信可能な状態におくこと」とされていると考えられます。

なお、この場合の「**情報通信機器**」とは、使用者が支給したものか、労働者個人が所有するものか等を問わず、労働者が使用者と通信するために使用するパソコンやスマートフォン・携帯電話端末等を指します。

◎テレワーク時における「事業場外みなし労働時間制」の適用要件◎

要件❶

情報通信機器を通じた使用者の指示に即応する義務が
ない状態であること

要件❷

随時使用者の具体的な指示にもとづいて業務を行なっ
ていないこと

②随時使用者の具体的な指示にもとづいて業務を行なっていないこ
と

　「具体的な指示」には、たとえば、当該業務の目的、目標、期限
等の基本的事項を指示することや、これら基本的事項について所要
の変更の指示をすることは含まれません。

　事業場外みなし労働時間制を適用する場合、テレワークを行なう
労働者は、就業規則等で定められた所定労働時間を労働したものと
みなされます（労基法38条の２第１項本文）。

　ただし、業務を遂行するために通常、所定労働時間を超えて労働
することが必要となる場合には、当該業務に関しては、当該業務の
遂行に通常必要とされる時間を労働したものとみなされます（労基
法38条の２第１項ただし書）。

　この「当該業務の遂行に通常必要とされる時間」は、業務の実態
を最もよくわかっている労使間で、その実態を踏まえて協議したう
えで決めることが適当であるため、労使協定によりこれを定めるこ
とが望ましいとされ、当該労使協定は労働基準監督署長へ届け出な
ければなりません（労基法38条の２第２項および第３項）。

また、この場合、労働時間の一部について事業場内で業務に従事した場合には、当該事業場内の労働時間と「当該業務の遂行に通常必要とされる時間」とを加えた時間が労働時間となり、このため事業場内の労働時間については、「労働時間の適正な把握のために使用者が講ずべき措置に関するガイドライン」にもとづき適切に把握しなければなりません。

　事業場外みなし労働時間制が適用される場合、所定労働時間または業務の遂行に通常必要とされる時間を労働したものとみなすこととなりますが、労働者の健康確保の観点から、勤務状況を把握し、適正な労働時間管理を行なう責務を有することになります。

　そのうえで、必要に応じ、実態に合ったみなし時間となっているか労使で確認し、結果に応じて、業務量を見直したり、労働時間の実態に合わせて労使協定を締結または見直したりすることなどの措置を講ずることが妥当でしょう。

　なお、テレワークを行なわず労働者が労働時間の全部を事業場内で業務に従事する日や、テレワークを行なうが使用者の具体的な指揮監督が及び労働時間を算定することが困難でないときについては、事業場外みなし労働時間制は適用されませんので注意を要します。

テレワーク時の労働時間管理⑤
裁量労働時間制

🖥 「裁量労働時間制」とは

「裁量労働時間制」とは、対象労働者を、業務の性質上その適切な遂行のためには遂行の方法を大幅に労働者の裁量に委ねる必要があるため、当該業務の遂行の手段および時間配分の決定等に関し、使用者が具体的な指示をしないこととする業務に就かせた場合には、決議や協定で定めた時間を労働したものとみなす制度をいいます。

裁量労働時間制の要件を満たし、制度の対象となる労働者についても、テレワークを行なうことが可能です。

この場合、**労使協定で定めた時間または労使委員会で決議した時間を労働時間とみなす**こととなりますが、労働者の健康確保の観点から、決議や協定において定めるところにより、勤務状況を把握し、適正な労働時間管理を行なう責務を有することとなります。

そのうえで、必要に応じ、労使協定で定める時間が当該業務の遂行に必要とされる時間となっているか、あるいは、業務量が過大もしくは期限の設定が不適切で労働者から時間配分の決定に関する裁量が事実上失われていないか、を労使で確認し、結果に応じて、業務量等を見直すことが必要です。

裁量労働時間制は、たとえば研究開発の業務等の19業務について、その性質上、業務の遂行の手段や時間の配分などに関し、使用者が具体的な指示を行なわない「**専門業務型裁量労働時間制**」と、事業の運営に関する事項について、企画、立案、調査および分析の業務を行なう事務系労働者に対して、業務の遂行手段や時間配分を自らの裁量で決定し、使用者が具体的な指示を行なわないとする「**企画業務型裁量労働制**」に区分されます。

「専門業務型裁量労働時間制」とは

　「専門業務型裁量労働時間制」とは、研究開発の業務などその性質上、業務の遂行の手段や時間の配分などについて、使用者が具体的な指示命令を行なわないことができる制度で、厚生労働省令や厚生労働大臣が指定する19の業務（次ページ参照）に限って認められています。

　この専門業務型裁量労働時間制を導入するためには、その事業場の過半数労働組合、それがない場合には過半数労働者の代表者と労使協定の締結、届出が必要で、それぞれの業務や、その業務に必要な時間等をあらかじめ協定し、その業務に従事した労働者は協定で定めた時間の労働をしたものとみなされます。

　たとえば、「1日9時間」と協定していた場合には、実労働時間が10時間であったとしても、9時間労働したものとみなされ、逆に、8時間しか労働していなくても同様に9時間労働したものとみなされ、超過した1時間分の割増賃金の支払いが必要となります。

　労使協定では、以下の事項について協定する必要があります。

①制度の対象とする業務
②対象となる業務遂行の手段や方法、時間配分等に関し労働者に具体的な指示をしないこと
③労働時間としてみなす時間
④対象となる労働者の労働時間の状況に応じて実施する健康・福祉を確保するための措置の具体的内容
⑤対象となる労働者からの苦情の処理のために実施する措置の具体的内容
⑥協定の有効期間（3年以内とすることが望ましい）
⑦上記④および⑤に関し、労働者ごとに講じた措置の記録を協定の有効期間およびその期間満了後3年間保存すること

◎「専門業務型裁量労働時間制」が適用できる19の業務◎

❶新商品もしくは新技術の研究開発または人文科学もしくは自然科学に関する研究の業務

❷情報処理システムの分析または設計の業務

❸新聞もしくは出版の事業における記事の取材もしくは編集の業務または放送番組、もしくは有線ラジオ放送、もしくは有線テレビジョン放送の放送番組の制作のための取材もしくは編集の業務

❹衣服、室内装飾、工業製品、広告等の新たなデザインの考案の業務

❺放送番組、映画等の制作の事業におけるプロデューサーまたはディレクターの業務

❻広告、宣伝等における商品等の内容、特長等に係る文章の案の考案の業務（いわゆるコピーライターの業務）

❼事業運営において情報処理システムを活用するための問題点の把握またはそれを活用するための方法に関する考案もしくは助言の業務（いわゆるシステムコンサルタントの業務）

❽建築物内における照明器具、家具等の配置に関する考案、表現または助言の業務（いわゆるインテリアコーディネーターの業務）

❾ゲーム用ソフトウェアの創作の業務

❿有価証券市場における相場等の動向または有価証券の価値等の分析、評価またはこれにもとづく投資に関する助言の業務（いわゆる証券アナリストの業務）

⓫金融工学等の知識を用いて行なう金融商品の開発の業務

⓬学校教育法に規定する大学における教授研究の業務（主として研究に従事するものに限る）

⓭公認会計士の業務　　⓮弁護士の業務

⓯建築士（一級建築士、二級建築士および木造建築士）の業務

⓰不動産鑑定士の業務　　⓱弁理士の業務

⓲税理士の業務　　⓳中小企業診断士の業務

実際にこの制度を実施する場合には、労働契約上の根拠が求められます。

📺 「企画業務型裁量労働時間制」とは

「企画業務型裁量労働時間制」とは、事業運営上の重要な決定が行なわれる企業の本社などにおいて、企画、立案、調査および分析の業務における、業務の遂行の手段や時間の配分などについて使用者が具体的な指示命令を行なわないことができる制度です。

ただし、企画業務型裁量労働時間制を導入することができる事業場は、次の3つに限定されています。

①本社・本店である事業場
②その事業場の属する企業の事業運営に大きな影響を及ぼす決定が行なわれる事業場
③独自にその事業場の事業運営に大きな影響を及ぼす事業計画や営業計画の決定を行なっている支社等の事業場

また、導入するにあたっては、賃金、労働時間その他のその事業場における労働条件に関する事項を調査審議し、事業主に対しその事項について意見を述べることを目的とする**労使委員会を設置**する必要があります。

この労使委員会では、以下の事項について委員の5分の4以上の多数による決議を行ない、労働基準監督署に届け出なければなりません。

①対象となる業務の具体的な範囲
②対象労働者の具体的な範囲
③労働したものとみなす時間
④使用者が対象となる労働者の勤務状況に応じて実施する健康および福祉を確保するための措置の具体的内容

⑤苦情の処理のための措置の具体的内容
⑥本制度の適用について労働者本人の同意を得なければならないこと、および不同意の労働者に対し不利益な取扱いをしてはならないこと
⑦決議の有効期間（3年以内とすることが望ましい）
⑧企画業務型裁量労働時間制の実施状況に係る記録を保存すること（決議の有効期間中およびその満了後3年間）

◎「企画業務型裁量労働時間制」を実施する流れ◎

❶ 「労使委員会」を設置する

● 委員会の要件
　①委員会の委員の半数については、当該事業場に、労働者の過半数で組織する労働組合がある場合においてはその労働組合、労働者の過半数で組織する労働組合がない場合においては労働者の過半数を代表する者に任期を定めて指名されていること
　②委員会の議事について、議事録が作成・保存されることとともに、労働者に対する周知が図られていること

❷ 労使委員会で決議する

● 決議の要件…委員の5分の4以上の多数決
● 必要的決議事項
　①対象業務：事業の企画・立案・調査・分析の業務であって、使用者が仕事の進め方・時間配分に具体的指示をしないこととする業務
　②対象労働者の範囲：対象業務を適切に遂行するために必要となる知識・経験等を有する者
　③みなし労働時間：1日当たりの時間数
　④対象労働者の健康・福祉確保の措置：具体的措置とその措置を実施する旨
　⑤対象労働者の苦情処理の措置：具体的措置とその措置を実施する旨
　⑥労働者の同意を得なければならない旨およびその手続き、不同意労働者に不利益な取扱いをしてはならない旨

❸ 労働基準監督署長に決議を届け出る

届出　すみやかに →

❹ 対象労働者の同意を得る

❺ 制度を実施する

定期報告　❷の決議から6か月以内 →

❻ 決議の有効期間の満了（継続する場合は❷へ）

労働基準監督署

3-7 テレワーク時の時間外・休日労働の労働時間管理

厚生労働省のガイドラインに沿う形で行なう

　テレワークについて、実労働時間やみなされた労働時間が法定労働時間を超える場合や、法定休日に労働を行なわせる場合には、「時間外・休日労働に関する３６協定」の締結、届出および割増賃金の支払いが必要となり、また、現実に深夜に労働した場合には、深夜労働に関する割増賃金の支払いが必要となります（労基法36条および37条）。

　このようなことから、テレワーク勤務者は、業務に従事した時間をクラウド等の勤怠システムに打刻し、または日報等において記録し、使用者はそれをもって当該テレワーク勤務者の労働時間の状況を適切に把握し、必要に応じて労働時間や業務内容等について見直すことが望ましいといえます。

　この点について厚生労働省は「情報通信技術を利用した事業場外勤務の適切な導入及び実施のためのガイドライン」で「労働者が時間外、深夜または休日に業務を行なった場合であっても、少なくとも、就業規則等により時間外、深夜または休日に業務を行なう場合には、事前に申告し使用者の許可を得なければならず、かつ、時間外等に業務を行なった実績について、事後に使用者に報告しなければならないとされている事業場において、時間外、深夜または休日の労働についてテレワーク勤務者からの事前申告がなかった場合または事前に申告されたが許可を与えなかった場合であって、かつ、労働者から事後報告がなかった場合について、次のすべてに該当する場合には、当該労働者の時間外、深夜または休日の労働は、使用者のいかなる関与もなしに行なわれたものであるとみなすことができるため、労働基準法上の労働時間に該当しないものと考えられる」

として、かなり踏み込んだ運用フローを示しています。

「次のすべてに該当する場合」とは、以下のとおりです。

①時間外、深夜または休日に労働することについて、使用者から強制されたり、義務づけられたりした事実がないこと。

②当該労働者の当日の業務量が過大である場合や期限の設定が不適切である場合等、時間外、深夜または休日に労働せざるを得ないような使用者からの黙示の指揮命令があったと解し得る事情がないこと。

③時間外、深夜または休日に当該テレワーク勤務者からメールが送信されていたり、時間外等に労働しなければ生み出し得ないような成果物が提出されたりしている等、時間外、深夜または休日に労働を行なったことが客観的に推測できるような事実がなく、使用者が時間外、深夜または休日の労働を知り得なかったこと。

ただし、上記の事業場における事前許可制および事後報告制については、以下の点をいずれも満たしていなければなりません。

①労働者からの事前の申告に上限時間が設けられていたり、労働者が実績どおりに申告しないよう使用者から働きかけや圧力があったりする等、当該事業場における事前許可制が実態を反映していないと解し得る事情がないこと。

②時間外、深夜または休日に業務を行なった実績について、当該労働者からの事後の報告に上限時間が設けられていたり、労働者が実績どおりに報告しないように使用者から働きかけや圧力があったりする等、当該事業場における事後報告制が実態を反映していないと解し得る事情がないこと。

3-8 長時間労働に対する対策

🖥 使用者の管理の程度が弱くなることからの懸念

　テレワークについては、業務の効率化に伴い、時間外労働の削減につながるというメリットが期待される一方で、労働者が使用者と離れた場所で勤務をするため、相対的に使用者の管理の程度が弱くなるおそれがあることなどが考えられ、長時間労働を招く懸念が生じることになります。

　テレワークにおいても、「労働時間の適正な把握のために使用者が講ずべき措置に関するガイドライン」（平成29年1月20日策定）にもとづき、適切に労働時間管理を行なわなければなりませんが、使用者は、単に労働時間を管理するだけでなく、**長時間労働による健康障害防止を図る**ことが求められています。

　テレワークにおける長時間労働等を防ぐ手法としては、以下のようなものが考えられます。

①メール送付の抑制

　テレワークにおいて長時間労働が生じる要因として、時間外、休日または深夜に業務に係る指示や報告がメール送付されることがあげられます。

　最近は、チャット機能を有するビジネスコミュニケーションツールが広く浸透しており、より気軽にコミュニケーションを図ることができる環境にあるため、時間外、休日または深夜に業務に係る指示や報告を、備忘の意味を含め安易に利用してしまうケースも散見されます。

　そのため、役職者等から時間外、休日または深夜におけるメールやチャットを送信することの自粛を命ずることなどに意識を向ける

必要があります。

②システムへのアクセス制限

　テレワークを行なう際に、ＶＰＮ（バーチャル・プライベート・ネットワーク）等を利用してサーバーなど会社の社内システムに外部のパソコン等からアクセスする形態をとる場合が多いですが、深夜・休日はアクセスできないように設定するなどして、長時間労働を防ぐ必要があります。

③テレワークを行なう際の時間外・休日・深夜労働の原則禁止等

　業務の効率化やワークライフバランスの実現の観点からテレワークの制度を導入する場合、その趣旨を踏まえ、時間外・休日・深夜労働を原則禁止とすることも一考です。

　この場合、テレワークを行なう労働者に、テレワークの趣旨を十分に理解させるとともに、テレワークを行なう労働者に対する時間外・休日・深夜労働の原則禁止や使用者等による許可制とすること等を、就業規則等に明記しておくことや、時間外・休日労働に関する３６協定の締結のしかたを工夫することが求められます。

神代学園ミューズ音楽院事件 （東京高裁／平17.3.30判決）

労働者が自主的に時間外労働を行なった場合であっても、使用者にて時間外勤務を禁ずるなど厳格な管理を行なっていた場合には、労働時間制が否定される場合もある、と示された判例

「**残業を禁止する旨の業務命令を発し、残務がある場合には役職者に引き継ぐことを命じ、この命令を徹底していた**」場合には、時間外労働を行なったとしても使用者の指揮命令下にある労働時間とはいえない。

---

④**長時間労働等を行なう労働者への注意喚起**

　テレワークにより長時間労働が生じるおそれのある労働者や、休日・深夜労働が生じた労働者に対して、繰り返し注意喚起を行なう必要があります。

　具体的には、管理者が労働時間の記録を踏まえて行なう方法や、ＨＲテックなどで普及している勤怠管理システムを活用して、対象となるテレワーク勤務者に自動的にアラート（警告）がなされる機能を利用することが有用でしょう。

3-9 パート社員・契約社員・派遣社員へのテレワークの適用

💻 派遣労働者への適用は要注意

　テレワーク勤務者は、使用者と労働契約を締結して就労する労働者であることに変わりはないため、労働関係法規の適用を受けることになります。

　したがって、パート社員・契約社員・派遣社員に対してもテレワークという就労形態を適用することは差し支えありません。

　たとえば、ある一定期間のプロジェクトをテレワーク勤務者に依頼し、期日までに成果物を納品することを求める場合、有期労働契約を締結することはあり得ます。

　また、パート社員に対しても、たとえば所定労働時間を正社員より短く設定（6時間など）して、テレワークによる労働契約を締結することも考えられます。

　ただし、派遣労働者への適用については慎重な対応が求められます。労働者派遣法（平成27年改正）では、同一の派遣労働者が同一の派遣先の事業所の同一の組織単位で、3年を超えて派遣就業を続けることはできないとされています。

　ここでいう「組織単位」とは、課、グループ等の業務としての類似性や関連性がある組織であり、かつ、その組織の長が業務配分や労務管理上の指揮監督権限を有するものをいいます。

　派遣労働者は、派遣先に雇用されるわけではなく、あくまで派遣元事業主（派遣会社等）との間の労働契約関係が前提となるため、派遣元事業主は採用した労働者に対して、あらかじめ労働条件の明示（労基法15条）と、就業条件の明示（労働者派遣法34条）を書面（同法施行規則26条）で行なわなければなりません。

　なお、労働者派遣法に定める就業条件明示の主な内容は、以下の

とおりです。

①従事する業務の内容
②仕事に従事する事業所の名称および所在地、組織単位
③就業中の指揮命令者に関する事項
④派遣の期間および就業する日
⑤就業の開始および終了の時刻ならびに休憩時間
⑥派遣労働者からの苦情処理に関する事項
⑦派遣労働者の個人単位の期間制限に抵触する最初の日
⑧派遣先の事業所単位の期間制限に抵触する最初の日　など

　ただし、テレワークのうち在宅勤務の場合は、就労場所が「自宅」となるため、上記「②仕事に従事する事業所の名称および所在地、組織単位」について十分な説明を行ない、テレワーク勤務者の自由な意思にもとづく合意によって運用されなければなりません。

3-10 育児短時間勤務者への テレワークの適用

🖥 事業場外みなし労働時間制と両立するか

　使用者は、3歳未満の子を養育する労働者であって、育児休業を取得していない者から申し出があった場合には、**所定労働時間の短縮措置**を実施することが義務づけられています（育児・介護休業法23条1項）。

　育児・介護休業法は、この所定労働時間の短縮措置（育児短時間勤務制度）により、育児と仕事を両立させるための支援を促進するものですから、育児短時間勤務者に対して企業が在宅勤務制度を導入し、より一層の支援を行なうことに別段差し支えは生じません。

　この場合、事業場外みなし労働時間制と所定労働時間の短縮措置が両立するかについて、厚生労働省は以下のとおり、適用を肯定する見解を示しています。

改正育児・介護休業法Q＆A （平成22年2月26日版）

＜Q21＞

　事業場外労働のみなし労働時間制の適用される労働者は、所定労働時間の短縮措置の対象となりますか？

＜A＞

　対象となります（育児・介護休業法第23条第1項の規定により労使協定等により対象外とされた労働者を除きます）。

　この場合、以下の2つの方法が考えられます。

①労働者をみなし労働時間制の対象から外し、通常の労働者の労働時間管理を行なうこととしたうえで、所定労働時間の短縮措置の対象とする。

②労働者をみなし労働時間制の対象としつつ、所定労働時間の短縮措置の対象とする。

このうち、②とする場合には、以下に留意してください。

●事業主は、制度を設けるだけではなく、実際に短時間勤務ができることを確保することが必要であること。このため、事業主は、必要に応じ、みなし労働時間を短縮するとともに業務内容・量の削減や実労働時間の把握などを行ない、実際に短時間勤務ができることを確保することが必要であり、単にみなし労働時間を短縮するだけで、常態として短時間勤務が実現されていない場合は、事業主の義務を果たしたとは評価されないこと。

●みなし労働時間を労働基準法第38条の２にもとづく労使協定で定めている場合は、当該労使協定を変更する必要があること。

4章

安全衛生対策と
労災保険の適用について
知っておこう

Telework

4-1 テレワーク時の安全衛生対策

💻 健康確保のための措置を講じる

　テレワークにおいても、労働安全衛生法等の関係法令等にもとづき、テレワーク勤務者に対する過重労働対策やメンタルヘルス対策を含む健康確保のための措置を講じる必要があります。

　たとえば、次のような措置の実施により、テレワークを行なう労働者の健康確保を図ることが考えられます。

- ●必要な健康診断とその結果等を受けた措置
- ●長時間労働者に対する医師による面接指導とその結果等を受けた措置および面接指導の適切な実施のための時間外・休日労働時間の算定と産業医への情報提供
- ●ストレスチェックとその結果等を受けた措置

　また、事業者は、事業場におけるメンタルヘルス対策に関する計画である「こころの健康づくり計画」を策定することとしており（「労働者の心の健康の保持増進のための指針」（平成18年公示第3号）)、当該計画において、テレワークを行なう労働者に対する**メンタルヘルス対策**についても衛生委員会等で調査審議のうえ記載し、これにもとづいて取り組むことが望ましいとしています。

4-2 テレワーク時の 作業環境管理のしかた

労働衛生管理のためのガイドラインに準拠

　労働者を雇い入れたときまたは労働者の作業内容を変更したときは、必要な安全衛生教育を行なう等関係法令を遵守する必要がありますが、これはテレワーク勤務者にも当てはまります。

　テレワークを行なう作業場が、自宅等の事業者が業務のために提供している作業場以外である場合には、事務所衛生基準規則（昭和47年労働省令第43号）、労働安全衛生規則および「**情報機器作業における労働衛生管理のためのガイドライン**」（令和元年7月12日／基発0712第3号）の衛生基準と同等の作業環境となるよう、テレワーク勤務者に助言等を行なうことが望ましいでしょう。

　なお、同ガイドラインは、ＶＤＴ（Visual Display Terminals）作業に従事する者の心身の負担を軽減するために策定された「ＶＤＴ作業における労働衛生管理 のためのガイドライン」（平成14年4月5日付／基発第0405001号）の基本的な考え方に加えて、作業形態がディスプレイ、キーボード等により構成されるＶＤＴ機器のみならずタブレット、スマートフォン等の携帯用情報機器を含めた情報機器へと急速に普及・拡大していることを踏まえてアップデートされたものです。

　この「情報機器作業における労働衛生管理のためのガイドライン」によれば、使用者に対して、作業者の心身の負担を軽減し、作業者が支障なく作業を行なうことができるよう、以下にあげるような情報機器作業に適した作業環境管理を行なうことを求めています。

　これは、テレワーク勤務者にも適用されることになります。

【照明および採光】

● 室内は、できる限り明暗の対照が著しくなく、かつ、まぶしさを生じさせないようにすること。

● ディスプレイを用いる場合のディスプレイ画面上における照度は500ルクス以下、書類上およびキーボード上における照度は300ルクス以上を目安とし、作業しやすい照度とすること。
また、ディスプレイ画面の明るさ、書類およびキーボード面における明るさと周辺の明るさの差はなるべく小さくすること。

● ディスプレイ画面に直接または間接的に太陽光等が入射する場合は、必要に応じて窓にブラインドまたはカーテン等を設け、適切な明るさとなるようにすること。

● 間接照明等のグレア防止用照明器具を用いること。

● その他、グレアを防止するための有効な措置を講じること。

【情報機器等】

＜情報機器の選択＞

　情報機器を事業場に導入する際には、作業者への健康影響を考慮し、作業者が行なう作業に最も適した機器を選択し導入すること。

＜デスクトップ型機器＞

①ディスプレイ

　ディスプレイは、次の要件を満たすものを用いること。

● 目的とする情報機器作業を負担なく遂行できる画面サイズであること。

● ディスプレイ画面上の輝度またはコントラストは作業者が容易に調整できるものであることが望ましい。

● 必要に応じ、作業環境および作業内容等に適した反射処理をしたものであること。

● ディスプレイ画面の位置、前後の傾き、左右の向き等を調整できるものであることが望ましい。

◎自宅等でテレワークを行なう際の作業環境整備◎

自宅等でテレワークを行う際の作業環境整備

部屋 設備の占める容積を除き、**10㎡以上の空間**

(参考条文：事務所衛生基準規則第2条)

照明 ・机上は**照度300ルクス以上とする**

(参考条文：事務所衛生基準規則第10条)

窓

・窓などの換気設備を設ける

・ディスプレイに太陽光が入射する場合は、窓にブラインドやカーテンを設ける

(参考：事務所衛生基準規則第3条、情報機器作業における労働衛生管理のためのガイドライン)

室温・湿度

・気流は0.5m/s以下で直接、継続してあたらず

室温17℃～28℃
相対湿度40%～70%
となるよう努める

(参考条文：事務所衛生基準規則第5条)

PC

・ディスプレイは**照度500ルクス以下**で、輝度やコントラストが調整できる

・キーボードとディスプレイは分離して位置を調整できる

・操作しやすいマウスを使う

(参考：情報機器作業における労働衛生管理のためのガイドライン)

椅子

・安定していて、簡単に移動できる

・座面の高さを調整できる

・傾きを調整できる背もたれがある

・肘掛けがある

(参考：情報機器作業における労働衛生管理のためのガイドライン)

机

・必要なものが配置できる広さがある

・作業中に脚が窮屈でない空間がある

・体型に合った高さである、又は高さの調整ができる

(参考：情報機器作業における労働衛生管理のためのガイドライン)

その他 **作業中の姿勢や、作業時間にも注意しましょう！**

・椅子に深く腰かけ背もたれに背を十分にあて、足裏全体が床に接した姿勢が基本

・ディスプレイとおおむね40cm以上の視距離を確保する

・情報機器作業が過度に長時間にならないようにする

(参考：情報機器作業における労働衛生管理のためのガイドライン)

情報機器作業とは、パソコンやタブレット端末等の情報機器を使用して、データの入力・検索・照合等、文章・画像等の作成・編集・修正等、プログラミング、監視等を行う作業です。

(厚生労働省ホームページより)

②入力機器（キーボード、マウス等）

●入力機器は、次の要件を満たすものを用いること。

a）キーボードは、ディスプレイから分離して、その位置が作業者によって調整できることが望ましい。

b）キーボードのキーは、文字が明瞭で読みやすく、キーの大きさおよびキーの数がキー操作を行なうために適切であること。

c）マウスは、使用する者の手に適した形状および大きさで、持ちやすく操作がしやすいこと。

d）キーボードのキーおよびマウスのボタンは、押下深さ（スト

ローク）および押下力が適当であり、操作したことを作業者
　　が知覚し得ることが望ましい。
●目的とする情報機器作業に適した入力機器を使用できるようにす
　　ること。
●必要に応じ、パームレスト（リストレスト）を利用できるように
　　すること。

＜ノート型機器＞
①適した機器の使用
　　目的とする情報機器作業に適したノート型機器を適した状態で使
用させること。
②ディスプレイ
　　ディスプレイは、＜デスクトップ型機器＞の①の要件に適合した
ものを用いること。ただし、ノート型機器は、通常、ディスプレイ
とキーボードを分離できないので、長時間、情報機器作業を行なう
場合については、作業の内容に応じ外付けディスプレイなども使用
することが望ましい。
③入力機器（キーボード、マウス等）
　　入力機器は、＜デスクトップ型機器＞の②の要件に適合したもの
を用いること。ただし、ノート型機器は、通常、ディスプレイとキ
ーボードを分離できないので、小型のノート型機器で長時間の情報
機器作業を行なう場合については、外付けキーボードを使用するこ
とが望ましい。
④マウス等の使用
　　必要に応じて、マウス等を利用できるようにすることが望ましい。
⑤テンキー入力機器の使用
　　数字を入力する作業が多い場合は、テンキー入力機器を利用でき
るようにすることが望ましい。

＜タブレット、スマートフォン等＞
①適した機器の使用
　　目的とする情報機器作業に適した機器を適した状態で使用させる

こと。

②オプション機器の使用

　長時間、タブレット型機器等を用いた作業を行なう場合には、作業の内容に応じ適切なオプション機器（ディスプレイ、キーボード、マウス等）を適切な配置で利用できるようにすることが望ましい。

＜その他の情報機器＞

　上記＜デスクトップ型機器＞＜ノート型機器＞＜タブレット、スマートフォン等＞以外の新しい表示装置や入力機器等を導入し、使用する場合には、作業者への健康影響を十分に考慮して、目的とする情報機器作業に適した機器を適した状態で使用させること。

＜ソフトウェア＞

　ソフトウェアは、次の要件を満たすものを用いることが望ましい。

①目的とする情報機器作業の内容、作業者の技能、能力等に適合したものであること。

②作業者の求めに応じて、作業者に対して、適切な説明が与えられるものであること。

③作業上の必要性、作業者の技能、好み等に応じて、インターフェイス用のソフトウェアの設定が容易に変更可能なものであること。

④操作ミス等によりデータ等が消去された場合に容易に復元可能なものであること。

＜椅　子＞

　椅子は、次の要件を満たすものを用いること。

①安定しており、かつ、容易に移動できること。

②床からの座面の高さは、作業者の体形に合わせて、適切な状態に調整できること。

③複数の作業者が交替で同一の椅子を使用する場合には、高さの調整が容易であり、調整中に座面が落下しない構造であること。

④適当な背もたれを有していること。また、背もたれは、傾きを調整できることが望ましい。

⑤必要に応じて適当な長さの肘掛けを有していること。

＜机または作業台机または作業台＞

机または作業台机または作業台は、次の要件を満たすものを用いること。

①作業面は、キーボード、書類、マウスその他情報機器作業に必要なものが適切に配置できる広さであること。

②作業者の脚の周囲の空間は、情報機器作業中に脚が窮屈でない大きさのものであること。

③机または作業台の高さについては、次によること。

●高さの調整ができない机または作業台を使用する場合、床からの高さは作業者の体形にあった高さとすること。

●高さの調整が可能な机または作業台を使用する場合、床からの高さは作業者の体形にあった高さに調整できること。

【騒音の低減措置】

情報機器および周辺機器から不快な騒音が発生する場合には、騒音の低減措置を講じること。

【その他】

換気、温度および湿度の調整、空気調和、静電気除去、休憩等のための設備等について事務所衛生基準規則に定める措置等を講じること。

4-3 「テレハラ」「リモハラ」に要注意

「テレハラ」「リモハラ」とは何か

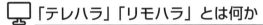

テレワークが普及したことで、直接顔を合わせない遠隔でのセクハラやパワハラも顕在化しており、これらを「**テレハラ**」「**リモハラ**」などと呼んでいます。

テレハラは「テレワークハラスメント」、リモハラは「リモートワークハラスメント」、もしくは「リモートハラスメント」の略語であり、法律的な定義はありませんが、簡単にいうと、**テレワークに伴うオンライン会議などの場で生じる嫌がらせ**のことです。

具体的には、Webカメラに映るプライベート空間（その人の容姿、生活感、同居人など）について非難したり、威圧的な態度をとったり、性的な言葉を発したりするといった行為を指します。

しかし、その内容を精査すると、テレワークに不慣れな上司がよくわからないまま、オンライン上で過分にプライベートに踏み込んだ話をしてしまったり、コミュニケーション不足を補おうと不必要かつ過度な言動になってしまうケースも少なくありません。

しかしながら、こうした悪意なき言動であったとしても、管理職や上司などが部下や他の社員に不快感を与えれば、それはストレスになりますし、それが長期間に及べばメンタルヘルス不調をきたすテレワーク勤務者も生じかねません。

テレワークにおけるコミュニケーションは、ハード面、ソフト面のいずれにおいても若手のほうが要領を得ており、距離感やマナーもわきまえているものですが、年齢が高い管理職や上司ではリテラシーの個人差が大きいといえます。

今後、テレワークによる勤務形態がますます増加することになると考えられますが、管理職・上司と部下とのコミュニケーションは

重要な論点となることが想定されます。

　使用者としては、個人の力量に委ねるのではなく、**積極的に管理職・上司に対してテレワークに関する教育研修や支援を実施**し、そのなかでオンライン会議のマナーや起こり得るハラスメントの類型についても注意喚起しておくべきでしょう。

　管理職・上司以外の一般社員であっても、その発言や所作が他意なく「冷たい」「礼儀がない」と受け止められることもあるため、テレワークにおけるマナーやハラスメントの教育は必要であるといえます。

　その意味では、オンライン会議中の服装、喫煙や食事などのふるまい、画面・音を通じて私生活を想定させないような工夫などについて、会社としての方針を事前にテレワーク勤務者に共有しておくべきでしょう。

　そうしたことで、「テレハラ」「リモハラ」に発展するきっかけを低減することになります。

🖥 セクシュアルハラスメント

　テレワークでセクハラに該当し得る言動は、通常の職場内の言動と同じです。1対1や少人数でのオンライン会議だと、相手の私生活が想像できるため、親しい感情を持ってしまうかもしれませんが、あくまで業務の一環であることを忘れてはなりません。

　また、自己のパソコン画面上や背景に水着写真やヌード写真があったり、そのようなポスターが部屋に貼ってあったりすると、画面の共有や切り替え時にオンライン会議の相手に見えてしまって、「環境型セクハラ」となりかねません。

🖥 パワーハラスメント

　2020年6月1日施行（中小企業は2022年3月31日まで努力義務）の改正・労働施策総合推進法により、「第8章 職場における優越的な関係を背景とした言動に起因する問題に関して事業主の講ずべき

措置等」（30条の2〜30条の8）が新設され、**パワハラ防止のために雇用管理上の措置**（相談体制の整備等）が事業主の義務になりました。

　パワハラに関する基本的な考え方や具体例、事業主が講ずべき雇用管理上の措置の具体的な内容等について定めたパワハラ指針（「事業主が職場における優越的な関係を背景とした言動に起因する問題に関して雇用管理上講ずべき措置等についての指針」（令2.1.15厚労告5））では、パワハラの代表的な類型として、次の6類型をあげて典型例を示しています。

---

①**身体的な攻撃**（暴行・傷害）

②**精神的な攻撃**（脅迫・名誉毀損・侮辱・ひどい暴言）

③**人間関係からの切り離し**（隔離・仲間外し・無視）

④**過大な要求**（業務上明らかに不要なことや遂行不可能なことの強制・仕事の妨害）

⑤**過小な要求**（業務上の合理性なく能力や経験とかけ離れた程度の低い仕事を命じることや仕事を与えないこと）

⑥**個の侵害**（私的なことに過度に立ち入ること）

　これらの類型について、テレワーク時に起こり得るパワハラをあてはめると、電子メールやチャットなどのビジネスコミュニケーションツールで脅迫的・侮辱的な記載をすることは「②精神的な攻撃」、特定の人物をオンライン会議やチャットグループに招待しないことは「③人間関係からの切り離し」、テレワークでは対応できないような過大な業務・成果達成を強要することは「④過大な要求」、意図的に単純作業だけを命じることは「⑤過小な要求」、Webカメラ等を使って自宅や私生活を詮索・監視しようとすることは「⑥個の侵害」と整理することができます。

テレワークにおける
労災保険の適用

💻 どんな場合に労災保険が適用になるのか

テレワーク勤務者は、事業場における勤務と同様、労働基準法にもとづき、使用者が労働災害に対する補償責任を負うことになります。

したがって、労働契約にもとづいて事業主の支配下にあることによって生じたテレワークにおける災害は、**業務上の災害として労災保険給付の対象**となります。

ただし、私的行為等、業務以外が原因であるものについては、業務上の災害とは認められません。

たとえば、「テレワーク勤務中に業務関連資料を取ろうと手を伸ばした際に誤って椅子ごと転倒し負傷した」ケースであれば、労災保険給付の対象と認められますが、「テレワーク勤務時に外食するため飲食店へ赴く際に縁石につまずいて転倒し負傷した」場合には、業務遂行性も業務起因性も認められず、労災保険給付の対象にはなりません。

業務災害として労災保険法にもとづく労災保険給付の対象と認められるには、災害発生時に事業主の支配・管理下にあったこと（**業務遂行性**）と、業務が原因となって災害が発生したこと（**業務起因性**）の両方が満たされていることが必要です。

しかし、テレワーク時の災害については、たとえば、業務の合間に家事や育児を行なった際の負傷など、それが業務遂行中に起きたものなのか、また業務に起因するものなのかを明確に判別することは困難です。

その意味では、**業務時間と私的時間をいかに厳しく区別する**かが課題となりますが、そもそもテレワーク勤務者であっても労働関係

法令が適用され、労働時間、休憩、休日、深夜業等の規定の適用を受ける以上、使用者には日頃から労働時間を把握し、管理することが求められていることに違いはありません。

たとえ「事業場外みなし労働時間制」を採用していたとしても、みなすことができるのは労働基準法上の労働時間だけであって、労働安全衛生法上では使用者には休憩、休日、深夜業に係る労働時間を把握しなければならない責務は依然としてあるのです。

在宅勤務する際の見取り図を提出させよう

一方で、「事業場外みなし労働時間制」を採用することなく、その日の業務実績を日報などの形式で提出させる場合でも、時間帯ごとに遂行していた業務内容と業務遂行場所を記載させるとともに、翌日のタイムスケジュールを業務遂行予定表として併せて申告させることで、万が一、災害が発生したとしても、業務遂行性と業務起因性の認否の判断がつきやすくなります。

これは、労災認定に限らず、円滑な業務遂行の観点からも積極的に取り入れたい考え方です。

また、在宅勤務の申請を受ける際に、自宅で執務に当たる居室やフロアの間取り、室内のデスク・書架等、主な什器の配置を見取り図として提出させ、本人がどのような環境で就業するのか把握しておくことも有効だといえます。

ただし、執務に当たる部分以外の領域について見取り図などを提出させることは、プライバシーの侵害に当たる可能性がありますから、ご注意ください。

テレワークでも通勤災害は発生するか

さらに、テレワーク勤務者と通勤災害の関係について考えてみましょう。

労災保険法では、「通勤」を「住居と就業の場所との間の往復」の移動とし、「就業の場所」とは業務を開始し、または終了する場

所を指しています。

　行政通達を見ると「外勤業務に従事する労働者で、特定区域を担当し、区域内にある数か所の用務先を受け持って自宅との間を往復している場合には、自宅を出てから最初の用務先が業務開始の場所であり、最後の用務先が、業務終了の場所と認められる」（昭48.11.22基発644／平27.3.31基発0331第21）とされており、これはテレワーク勤務者にも応用できるものと考えられます。

　すなわち、テレワーク勤務者については、その日の業務を開始した場所と業務を終了した場所が「就業の場所」に当たり、「自宅」からその日の業務を開始した場所までの合理的な経路、および業務を終了した場所から「自宅」までの合理的な経路が「通勤」に当たると考えられます。

　この要件を満たせば自宅・社外の就労場所（貸しオフィス、カフェなど）と会社間の往復時に負傷した場合、通勤災害が認められることになるでしょう。

5章

情報通信環境の整備と
セキュリティ対策のしかた

Telework

5-1

テレワークに必要となる情報通信機器・ツール

💻 所有している機器の見直しが重要

テレワークを行なうにあたっては、情報通信機器やツールの整備が欠かせません。

会社に出勤すれば社内の設備を自由に使えますし、ただ声を発すれば隣の人に届きます。特に意識せずに行なってきたそれらのことを、テレワークをする際に補完してくれるのが情報通信機器やツールです。

パソコンやインターネット設備など、すでに整備されている人が多いと思いますが、性能面、機能面で不満はありませんか？ 以下の項目のどれかひとつでも当てはまる場合は、システム面が作業効率上のボトルネックになっている可能性があります。

☑ 購入してからかなりの時間が経過している
☑ テレワークの導入が急に決まり、機器の選定をする時間がなかった
☑ 機器を別々の時期に購入している

テレワークの快適さや効率は、選択した機器、ツールの種類によって大きく左右されます。新しい機器の購入、買い替えには費用がかかりますが、費用対効果がすぐに現われるものでもあります。

5-2項から5-8項では、現在使っている機器やツールの見直し、新しい機器の導入のヒントとして、個別の機器、ツールについて紹介していきます。

◎情報通信機器などの買い替えも検討しよう◎

こんな悩みはありませんか？

● 社内で仕事をしていたときに比べて、効率が大幅に低下した
● セキュリティの確保が難しい
● なんだか疲れる…

新しい情報通信機器・ツールの導入で

一挙解決！ かも

5-2 必要な情報通信機器とツール①
パソコン

 パソコンのスペックを確認しよう

　テレワークを導入するにあたり、まず必要になるのが「**パソコン**」です。事務処理を行なうために必要となるだけでなく、ＷＥＢ会議を実施するためのツールとして使ったり、人事管理上、勤怠やログのチェックにも使用することができます。

　最低限必要と思われるスペックを右ページの表にまとめておきました。

　「**ストレージ**」とは、パソコン内部に情報を保存しておくための記憶領域です。ＨＤＤは、比較的安価なため大容量ですが、書き込み速度は遅く、逆にＳＳＤは、容量が小さく書き込みが早いという特徴があります。

　テレワークに使用するパソコンの選択のポイントとして重視したいのが、「**セキュリティ**」です。指紋認証・顔認証によるログイン機能／のぞき見防止機能／ストレージ暗号化機能等の有無を確認しましょう。

　テレワークでＷＥＢ会議を実施する前提があるのであれば、内蔵カメラを搭載しているものが望ましいでしょう。内蔵カメラがなければ、Webカメラを別途購入するか、スマートフォンでも代用可能です。

　初期投資を抑えるために、格安のノートパソコンを選択したくなるところですが、事務処理を長時間行なうことを考えると、パソコンのスペックは、業務効率に大きく影響しますから、慎重に検討しましょう。

　安全衛生管理の側面から見たパソコンの選定基準については、4－2項を参照してください。

◎テレワークで使うパソコンに必要なスペック◎

モニタ	● 12インチ～17インチが一般的 ● 持ち運び重視…13インチ前後 ● 作業のしやすさ…15インチ以上
CPU	● 一般的なIntel社製のブランドの場合、原則として Celeron＜Pentium＜CoreM＜Core i3＜Core i15＜…の順で性能が上がる ● Core i3以上が望ましい ※ただし、各ブランドには「世代」があり、世代によっては必ずしも下位ブランドの性能が劣るとは限らない
メモリ	● 4GB～8GBが主流。8GBあるとよい
ストレージ	● HDD：低速大容量 ● SSD：高速小容量 ● 両方を搭載しているものも増えている
Office	● プリインストール版とサブスクリプション型の Office365があるが、Office365が主流になりつつある
セキュリティ	● 指紋認証／顔認証 ● のぞき見防止機能 ● ストレージの暗号化機能 ● Windows10Pro以上のエディションであれば、暗号化機能（BitLocker）標準搭載

5-3 必要な情報通信機器とツール②
インターネット回線とWi-Fiルーター

　社内システムに接続したり、ＷＥＢ会議に参加したりするために
は、インターネット回線に接続する必要があります。通常用いられ
るインターネット回線への接続方法は以下の２通りです。

---

　①固定回線＋Wi-Fiルーター
　②モバイルWi-Fiルーター

🖥 固定回線

　固定回線で現在、一般的に使われているのは光ファイバーを使う
「光回線」、ケーブルテレビ用の回線を使う「ＣＡＴＶインターネッ
ト」です。

　2000年代前半に普及した電話回線を使用するＡＤＳＬは、現在で
は回線事業者各社が新規申込みを停止しており、ＮＴＴ系列が2023
年１月31日で、ソフトバンクグループも2024年３月31日をもってサー
ビス提供の終了を発表するなど、縮小傾向にあります。

　「光回線」は、ＮＴＴ、au、ソフトバンクなどの通信会社だけで
なく、大小さまざまな通信会社が提供しています。

　光回線の契約とは別に、インターネットサービスプロバイダ（以
下「ＩＳＰ」）との契約が必要になります。近年は、光回線とＩＳ
Ｐが一体になった契約も増えています。

　一方、「ＣＡＴＶインターネット」は、集合住宅で導入されてい
たり、ケーブルテレビを導入するのと同時に契約したりするケース
が多いと思います。

　ＣＡＴＶインターネットの場合は、サービス提供会社がＩＳＰも

兼ねているため、別途契約する必要はありません。

🖥️ Wi-Fiルーター

「Wi-Fiルーター」は、後述する「モバイルWi-Fiルーター」と区別して、「Wi-Fiホームルーター」「無線LANルーター」「家庭用Wi-Fiルーター」などとも呼ばれます。

Wi-Fiルーターは、光回線とパソコンなどの端末を無線でつなぐための装置です。Wi-Fiルーターは、以下の2つのポイントを検討したうえで選ぶとよいでしょう。

①接続可能台数

Wi-Fiルーターは、パソコンだけでなくスマートフォン、タブレット、ゲーム機器などにも利用されます。

製品パッケージに記載されている接続可能台数が要件を満たしているか確認しましょう。メーカーによっては「利用推奨人数」を表示している場合もあります。

②規　格

次ページ上表に、Wi-Fiの規格別の最大通信速度、周波数をまとめておきました。この表は、上から上位規格になっています。

パソコンが対応している規格に合ったWi-Fiを使用することにより、機能を最大限に活かすことができるので、使用しているパソコンがどの規格に対応しているか、メーカーサイトなどで調べて選定しましょう。

周波数には2種類ありますが、2つの周波数は、次ページ下表に示したように、それぞれメリット・デメリットがあるため、両方の帯域を使える規格ほど利便性が高いといえます。

🖥️ モバイルWi-Fiルーター

「モバイルWi-Fiルーター」は、持ち歩いて使用することを想定

◎Wi-Fiの規格◎

規　格	最大通信速度	周波数
IEEE802.11ax （Wi-Fi6）	9.6Gbps	2.4GHz/5GHz帯
IEEE802.11ac （Wi-Fi5）	6.9Gbps	5GHz帯
IEEE802.11n （Wi-Fi4）	600Mbps	2.4G帯/5GHz帯
IEEE802.11a	54Mbps	5GHz帯
IEEE802.11g	54Mbps	2.4GHz帯
IEEE802.11b	11Mbps	2.4GHz帯

◎それぞれの周波数の特徴◎

周波数	特　徴
5GHz帯	●高速 ●障害物に弱い ●無線LAN専用の周波数帯のため、電波干渉が少ない ●電波法により、屋外で利用できる周波数が限られている
2.4GHz帯	●低速 ●障害物に強い ●同一の周波数帯を使用する機器（電子レンジ、Bluetoothなど）が多く、電波干渉しやすい

しているもので、インターネットとの接続には３Ｇまたは４Ｇを使用します。回線工事が難しい場合や、外出先での利用が多い場合などに適しています。

　パソコン等の端末との接続における規格や接続台数に制限があることなどの基本的な考え方は、家庭用のWi-Fiルーターと変わりません。

　モバイルWi-Fiルーターについて考慮すべき点は、インターネット接続について、**どの回線を使用しているか**ということです。

　現在の2大通信サービスは、WiMAX（UQコミュニケーションズ（株））とPoket WiFi（ソフトバンク（株））ですが、それぞれが使用している回線により、対応エリアや通信速度などが異なります。使用する場所、用途によって選択するとよいでしょう。

回線がつながらないときなどは、どうする？

　テレワークしているなかで、会社へのリモート接続がつながりにくい、頻繁に切れてしまう、ＷＥＢ会議の画面が途中で固まってしまい、出席できなくなった…といった問題が発生したら、現在の通信速度を計測してみましょう。

　さまざまなサイトで、通信速度を無料で計測するサービスが提供されています。下り速度が10Mbpsを上回っていれば、ＷＥＢ会議の実施には問題ありません。下回っている場合は、以下のポイントを参考に改善を図ってみてください。

①インターネット回線の見直し

　ＡＤＳＬを使用している場合は、光回線への切替えを検討しましょう。モバイルWi-Fiルーターで接続している場合は、固定回線の導入も一案です。

②Wi-Fiルーターの規格の確認

　前述したように、Wi-Fiルーターには規格があり、規格が上位であるほど、最大通信速度は上がります。パソコンが上位規格に対応しているのに、Wi-Fiルーターが下位規格である場合は、上位規格のものに買い替えてみることで、通信速度が上がる可能性がありま

す。

③Wi-Fiルーターの設置場所の確認

　Wi-Fiの電波は、遮蔽物がなければ100m以上の距離でも届きます。しかし、屋内で使用する場合は、壁や電化製品などの影響を受けるため、電波が届きにくくなります。

　Wi-Fiをできるだけ住居の中央に置く（上下、左右、奥行き、それぞれの中央）ことや、電波干渉を受けやすい電子レンジのそばには置かないなど、設置場所の工夫をすることで、通信状況の改善がみられることがあります。

④Wi-Fiルーターの中継器の設置

　住居の構造上、Wi-Fiルーターからパソコン等の端末機器までの物理的な距離が遠い場合は、中継器の活用も効果的です。

　Wi-Fi中継器は、Wi-Fiルーターから届く電波を受信し、端末機器に中継する機器で、Wi-Fiルーターからの電波を強め、届く範囲を拡張することができます。

　Wi-Fi中継器にも規格があるため、Wi-Fiルーターの性能を下回る規格のものを設置してしまわないように留意する必要があります。

必要な情報通信機器とツール③
ビジネスコミュニケーションツール

🖥 「ビジネスコミュニケーションツール」とは

　情報共有や報告・連絡・相談は、会社に出勤して顔を合わせることができるのであれば容易に行なうことができますが、テレワークになるとコミュニケーションを取ることの難しさに気づかされます。「ビジネスコミュニケーションツール」を活用して、少しでも対面コミュニケーションに近づけていきましょう。

　ビジネスコミュニケーションツールは、一部制限はあるものの無料でほとんどの機能が使えるので、試しにアカウントを作成してみるのもひとつの手です。

　基本的な1対1チャット、グループチャット、ビデオ通話、ファイル共有の機能は各社とも備わっており、大きく異なることはないので、インターフェースの好みも選択する際の大事な基準です。

　代表的なチャットツールであるSlack、Chatwork、LINE WORKS、Microsoft Teamsの主な機能の比較を次ページにまとめました。

　各開発会社は、より使いやすくなるよう、新たな機能を追加開発していますが、ずっと使い続けていると、なかなか新機能には目がいかないもの。無料の活用セミナーも頻繁に実施されているので、参加してみてはいかがでしょうか。

🖥 利用時に気をつけたいこと

　ビジネスチャットツールを利用する際に気をつけたいのは、あくまでも文字によるコミュニケーションであるということ。直接、会話するのと違い、時間を気にせず送ってしまったり、言葉足らずで誤解を生んでしまったりというトラブルが発生しやすいのがチャットツールのデメリットです。

◎ビジネスチャットツールの比較表◎

	Slack	Chatwork	LINE WORKS	Microsoft Teams
料金 (個人利用プランを含まず)	㊔あり ㊒850円/月〜	㊔あり ㊒500円/月〜	㊔あり ㊒500円/月〜	㊔あり ㊒540円/月〜
1対1チャット	制限なし	制限なし	制限なし	制限なし
グループ作成数	制限なし	㊔14グループまで	制限なし	㊔200グループまで
ビデオ通話	㊔1対1のみ ㊒最大15名	㊔1対1のみ ㊒最大14名	㊔1対1のみ ㊒最大200名	㊔1対1のみ ㊒最大300名
ストレージ	㊔5GB ㊒10GB〜	㊔5GB ㊒10GB	㊔5GB ㊒1TB	㊔2GB ㊒1TB
検索	㊔直近10,000件	制限なし	3年分まで	制限なし
未読／既読表示	なし	なし	あり	なし
特徴	外部連携機能が豊富で拡張性に優れている	日本企業が開発しており、感覚的に操作しやすい	LINEに近いインターフェースでなじみやすい機能が豊富	Office365に含まれる機能のため、導入しやすい

(㊔：無料プラン／㊒：有料プラン)

　詳細についての説明が必要なときや、部下を指導しなければならないときなど、顔を見て話すことが望ましい場面では、**ビデオ通話を有効に活用**しましょう。

5-5 必要な情報通信機器とツール④ WEB会議システム

🖥 「WEB会議システム」の効果

　テレワークの普及に伴い、利用者数が爆発的に増えたのが「WEB会議システム」です。これまで打ち合わせのために交通費と時間を使って顧客訪問をしていたところ、WEB会議システムを利用することによりコストを大幅に下げることができた、という会社も多いことと思います。

　WEB会議システムのなかで、最大のユーザー数を誇るのがZOOM（ズーム）です。

　一般的なWEB会議の参加のしかたには、次の3通りがあります。

---

①アカウントをつくらず、招待されたURLからログインする
②無料アカウントをつくる
③有料アカウントの契約をする

　会議のオーナー（開催者）でなければ、アカウントをつくらなくても会議に参加できるものが多いので、ひとつのシステムにこだわらず、相手企業に合わせて気軽にいろいろなシステムを使い分けるとよいでしょう。

　無料アカウントの場合、ミーティングの時間や参加人数に制限があることがほとんどなので、セミナーを開催する場合や、社外の人との打ち合わせには有料アカウントを用意します。

　複数人で1つの端末を利用する場合は、次項で紹介する外付けのWebカメラやマイクがあると、WEB会議をスムーズに行なうことができます。

◎WEB会議を安全・快適に行なうためのルール◎

【基 本】

☑ ツールのバージョンを最新に保つ

☑ 意図しない映り込み、音声の共有が発生しないよう、公共の場での利用は原則禁止とする

【会議のオーナーは…】

☑ 不特定多数の参加者に公開するものでなければ、ＵＲＬの共有は慎重に行なう（パスワード入力を必須にする、参加許可制にするなど）

☑ 議事録を取る係は、タイピングの音が入らないようにミュートにする

【画面共有を予定している人は…】

☑ メールやチャットの受信通知をオフに！

☑ 会議に関係のないフォルダ、文書は閉じておく

【参加する人は…】

☑ 会議への参加承認の作業がある場合もあるため、数分前には参加準備を

☑ 発言しないときは音声をミュートに！

☑ 初めて使うツールであれば、事前にログインしてマイクやスピーカーのテストを行なっておく

🖥 ＷＥＢ会議のセキュリティリスク

　ＷＥＢ会議システムを利用する際のセキュリティリスクとして、主に以下のようなものがあげられます。

①意図しない参加者のログイン

②意図しない映り込み・音声の漏洩

③意図しない画面・通知の共有

④ツールの脆弱性をついた情報窃取

前ページに、ＷＥＢ会議システムを利用する際の基本的なルールについて簡単にまとめておきました。

会議のオーナーは、取り扱う情報の機密性等に配慮してルールを設定し、事前に周知しておくことが望まれます。

「ちょこっとミーティング」にはチャットツールが便利

なお、ビジネスコミュニケーションツールも、１対１であれば無料でも通話可能なものがほとんどです。

社内の短時間のミーティングであれば、ＷＥＢ会議システムをわざわざ立ち上げるよりも手軽に利用できるので、積極的に利用したいものです。

5-6 必要な情報通信機器とツール⑤ Webカメラ・マイク・ヘッドセット

　現在、販売されているほとんどのノートパソコンには、Webカメラとマイクが内蔵されているので、別途これらを購入することは必須ではありませんが、快適なWEB会議を行なうためには、さまざまな特徴を備えた設備を購入してみるのもお勧めです。

🖥 Webカメラ選びのポイント

　自宅から社内のWEB会議に参加するのみであれば、Webカメラの形態（クリップタイプ／スタンドタイプ）とマイクが内蔵されているかどうか、パン（左右）・チルト（上下）・ズーム（拡大縮小）機能の要否などが選択の基準となります。

　複数人による会議や、社内研修の配信も予定している場合は、解像度・フレームレート・画角も考慮します。

🖥 マイク・ヘッドセット選びのポイント

　マイクは、音を拾う範囲をマイクの周囲全体とするか（全指向性）、一定の方向のみとするか（単一指向性）で選びましょう。全指向性と単一指向性を切り替えられるものもあります。

　パソコンに内蔵されているマイクは全指向性のため、まわりの音も拾ってしまいます。「周囲の雑音が多くて声が届きにくい」と感じている場合は外付けマイクの使用が効果的です。音量調節やミュートがマイク本体でできるものが便利です。

　ヘッドセットは、マイクとイヤフォンの機能が一体となっているものです。ノイズキャンセル機能がついているものであれば、周囲の音を消してくれるので、より会議に集中することができます。有線型と無線型がありますが、音質の安定を重視するのであれば有線

◎WEB会議ツール選びのポイント◎

【Webカメラ】

- ☑ 形態（クリップ式 or スタンド式）
- ☑ パンチルトズーム（PTZ）機能
- ☑ マイク内蔵あり or なし
- ☑ フレームレート（動きの滑らかさ）
- ☑ 画角（写す範囲）

【マイク】

複数人で会議に参加するときは音を全方向から集める全指向性のマイクスピーカーが便利。
- ☑ 集音範囲
- ☑ ノイズキャンセリング機能
- ☑ 有線型 or 無線型
- ☑ バッテリ内蔵型 or 電源接続型

【ヘッドセット】

　1人で会議に参加するときは単一指向性のヘッドセットが便利。
- ☑ 着け心地
- ☑ ノイズキャンセリング機能
- ☑ 有線型 or 無線型
- ☑ バッテリ内蔵型 or 電源接続型
- ☑ ミュート機能

型のヘッドセットがよいでしょう。

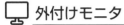

5-7 必要な情報通信機器とツール⑥ その他お役立ちツール・グッズ

🖥 外付けモニタ

　テレワーク環境を整える際にぜひお勧めしたいのが、外付けモニタの設置です。ノートパソコンの画面の小ささを補完することができるだけでなく、たとえば、

● モニタA：リモートデスクトップに接続した社内パソコンの画面
● モニタB：手元のパソコンの画面
　あるいは、
● モニタA：文書編集ソフトの画面
● モニタB：ビジネスチャットツールの画面

　といったレイアウトをすることで、アプリケーション切り替えの煩わしさを解消することができます。

🖥 モニタアーム

　外付けモニタを買ったものの、自宅のデスクが狭くて置き場所に困る…。そんなときはモニタアームを活用しましょう。スペースの有効活用だけでなく、モニタの位置を変えることで疲労軽減にもつながります。

　可動範囲、耐荷重、取付け方法などが、モニタアームを選択する際のポイントです。

134

キーボード・マウス

　テレワークを快適に行なうためには、外付けのキーボードやテンキーの導入も効果的です。また、マウスの使い勝手は作業効率に大きく影響するため、付属のものではなく、新たに購入することをお勧めします。

電話アプリ

　テレワークを始めたが、従業員全員に電話端末まで用意できず、やむを得ず私用電話を使わせている…。そんな場合は、電話アプリを活用してみてはいかがでしょうか。スマートフォンに電話アプリをインストールするだけで、私用の番号とは違う電話番号を利用でき、電話料金も会社負担とすることができます。

ハンコ問題解決ツール

　日付印、認印レベルであれば、無料の印鑑ソフトがたくさん公開されています。以下のサイトなどから探すとよいでしょう。

● 窓の杜（https://forest.watch.impress.co.jp/）
● ベクター（https://www.vector.co.jp/）

　もう少し権限を厳格に設定するのであれば、決裁システムの導入を検討します。政府も「脱ハンコ」の方針を打ち出しているため、各社はこれから新しいシステムを開発することが予想されます。テレワークのみならず、「脱ハンコ」は今後考えていかなければならない課題です。

🖥 PDF編集ソフト

　テレワーク環境では、できる限りプリンタの使用を禁止するべきですが、どうしてもパソコンの画面ではなく、紙にチェックを入れながら、数字や文字を確認しなければならない業種も存在します。そんなときは、PDF編集ソフトとペンタッチ対応のパソコン（タブレット）の活用が問題解決になるかもしれません。

　PDFに直接、ペンでチェックや文字を入力し、そのまま保存できます。

　紙であれば、紛失・盗難のリスクがあるうえ、スキャンや廃棄の手間もかかりますが、PDFに直接、編集できればセキュリティが確保され、工数もかなり削減されます。

【紙でのチェック】

売上金
6,239,520円 ✓

利益
825,282円

●持ち運び時の紛失・盗難リスク
●利用後の保管・廃棄の労力・コスト

【PDF編集】

売上金
6,239,520円✓

利益
825,282円

●持ち運び不要
●保管・廃棄の労力・コスト軽減
●共有しやすい

　今後も、テレワークを快適に行なうための機器やツールがどんどん開発されてくることと思います。日々アンテナを張って、便利な機器・ツールの情報を収集するようにしましょう。

5-8 テレワークを導入するための ＩＣＴ環境の構築

ＩＣＴ環境を構築する進め方

　ＩＣＴ環境の構築にあたっては、テレワーク環境で実施する業務上の要件を確認しながら、次のようにシステム等の選定を進めていきます。

> ①**社内システムへのアクセス方式の選定**…社内システムやデータの利用要件、テレワーク環境での印刷・データ保存の可否、講じるべきセキュリティ対策の内容、かけられるコスト等の要件により、アクセス方式を選定します。
> ②**コミュニケーションツールの選定**…電話、チャットツール、ＷＥＢ会議ツール等、業務上必要なコミュニケーション方法を検討していきます。
> ③**勤怠・端末管理**…必要に応じて勤怠管理ソフトの導入やクライアント端末管理システムの導入を検討します。

　本項では、このうち社内システムのアクセス方式について説明します。

社内システムへのアクセス方式の選定

　システム方式の代表的な例であるＶＰＮ方式、リモートデスクトップ方式、仮想デスクトップ方式、クラウド型アプリ方式について見ていきましょう。

①ＶＰＮ方式

　ＶＰＮ（Virtual Private Network：仮想専用線）とは、インタ

◎社内システムへのアクセス方式のいろいろ◎

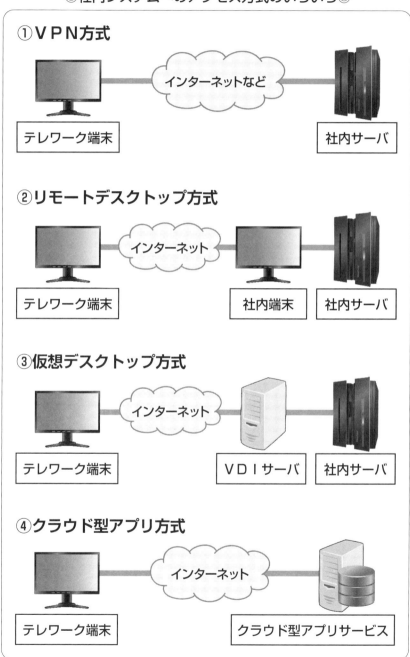

① VPN方式

インターネットなど

テレワーク端末　　　　　社内サーバ

② リモートデスクトップ方式

インターネット

テレワーク端末　　　社内端末　社内サーバ

③ 仮想デスクトップ方式

インターネット

テレワーク端末　　　VDIサーバ　社内サーバ

④ クラウド型アプリ方式

インターネット

テレワーク端末　　　クラウド型アプリサービス

ーネットや閉域ＩＰ網と呼ばれる特殊なネットワーク上に仮想の専用線をつくり出す技術のことです。ＶＰＮを導入すれば、外部からでも安全に社内ネットワークにアクセスすることができます。

②リモートデスクトップ方式

　リモートデスクトップ方式は、社内にあるパソコンを別の端末から遠隔で操作する方式です。操作しているのは社内のパソコンのため、データがテレワーク端末に残ることがないという点で、情報漏洩のリスクを軽減できます。ChromeやWindowsなど、手軽に導入しやすいサービスがあり、幅広く利用されています。

③仮想デスクトップ方式

　仮想デスクトップ方式は、リモートデスクトップ方式と似ていますが、接続する先が物理的なパソコンではなく、バーチャルなパソコン（＝仮想デスクトップ）という点で大きく異なります。サーバ上に構築した仮想のパソコンであるため、稼働状況やセキュリティソフトの導入状況などが一元管理できるという点で大きなメリットがあります。

④クラウド型アプリ方式

　この方式は、業務を社内ネットワーク上で行なうのではなく、クラウド上で行なう方式です。たとえば、ファイル管理をBox、Dropbox、GoogleDriveなどに代表されるオンラインストレージで行なったり、勤怠管理や休暇申請などをグループウェアで行なったりすることを指しています。クラウド型アプリを使用すれば、社内サーバの管理が不要となり、災害等にも対応できる組織づくりが可能になります。

　なお、社内サーバ上でのみ使用可能な専用ソフトなどがある場合には、別途、異なるアクセス方式を考える必要があります。

5-9 テレワークに利用する PC等の端末

 テレワークに利用するパソコン

　テレワークにおいても、もっとも多く利用されるのはパソコンですが、機能面において、大きく以下の2つに分けることができます。

①リッチクライアントPC

　これは、いわゆる一般的なパソコンを指します。

　ハードディスクに多くの情報を記憶することができ、さまざまなアプリケーション（プログラム）を単独で動かすことができます。

　VPN方式で直接、社内サーバとデータをやり取りしたり、テレワーク環境にあるパソコン内でアプリケーションを動かす必要がある場合は、リッチクライアントPCを利用します。

②シンクライアントPC

　シンクライアントとは、「薄い」という意味の「thin」と、端末を意味する「client」が結合した言葉です。OS、インターネットブラウザ、入出力機能など、最低限の機能しかもたず、ハードディスクをもたないため、テレワーク環境にデータを保存させたくない場合に適しています。

　シンクライアントPC専用のパソコンもありますが、USB型をした専用機器を差し込むことで、リッチクライアントPCをシンクライアント化することができます。

　リモートデスクトップ方式、仮想デスクトップ方式で、さらに漏洩リスクを抑えるためには、シンクライアントPCの導入が有効です。

◎パソコンを機能で分けたときの2つの種類◎

リッチクライアント

<使用シーン>
- VPNで直接、社内サーバに接続する場合
- 会社のPCを持ち帰り、パソコン内のデータやアプリケーションを使用して作業する場合

シンクライアント

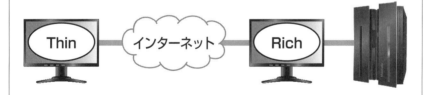

<使用シーン>
- リモートデスクトップで社内サーバに接続する場合
- 仮想デスクトップで社内サーバに接続する場合

📺 タブレット／スマートフォン

　パソコンよりも持ち運びがしやすく、機能を限定することでより利便性を追求できるのがタブレットとスマートフォンです。

　テレワークでは、移動中やさまざまな場所で業務を行なうことができるため、時間や場所の有効活用手段として積極的に利用したいものです。

　業務で利用するモバイル端末の管理ツールとして広く用いられているのが「MDM」（Mobile Device Management：モバイル端末管理）です。

　MDMには、次のような機能があります。

- ●必要なアプリケーションの配布／OSアップデート
- ●端末の遠隔操作（ロック・再起動・位置情報取得）
- ●インストールされているアプリ・操作ログ等の情報収集

　モバイル端末の持ち歩きには、紛失・盗難のリスクがついて回ります。MDMを導入することで、紛失・盗難が発生した場合に、遠隔操作で端末上の情報を削除することも可能です。

5-10 私物ＰＣ等を利用してもよいか

 私物ＰＣ等の利用の可否

　テレワークを導入するにあたり、コストを抑えるために私用のパソコンを業務利用することも選択肢の１つです。

　個人所有の情報端末を業務に利用することを「ＢＹＯＤ」（ビーワイオーディー：Bring Your Own Device）といいます。ＢＹＯＤは、欧米では一般的に普及している考え方ですが、日本では「情報セキュリティを維持できない」「仕事とプライベートを分離できない」という考え方のもと、利用を避ける傾向がありました。

　しかし、テレワークが急速に広まるなか、ＢＹＯＤを積極的に活用していこうとする流れが出てきています。

　テレワークを始める際の初期費用が抑えられるという点で、ＢＹＯＤの利用は、中小企業にとっては大きなメリットといえます。また、ふだん使い慣れた端末を利用するため、教育の必要もなく、スムーズなテレワーク導入にはもっとも適しているともいえます。

　ただ一方で、ＢＹＯＤはさまざまな問題をはらんでいます。

端末管理をどう実現するか

　私物ＰＣ等は、個人で利用している端末のため、会社で完全に管理することは困難です。パソコンやスマートフォンの利用には、セキュリティソフトのインストールが欠かせませんが、個人端末の場合、インストールをしなかった、契約更新を忘れてしまったということも起こり得ます。

　また、会社の端末を利用しているときよりもセキュリティに対する意識が薄くなるため、「うっかり危険なサイトにアクセスしてしまい、マルウェアに感染してしまった」「家族が利用した際にウイ

ルスメールをうっかり開けてしまった」といったことが起こる可能性が高くなります。

💻 情報管理、悪意による漏洩への対処

パソコンを業務利用する際には、完全にシンクライアント化しているのでない限り、端末には業務に関するデータが保存されます。

そのデータを私的利用するデータと混在させないことはもちろん、ＢＹＯＤで利用する必要がなくなったときに安全・確実に消去しなければなりません。

会社所有の端末でも、管理が難しいことに変わりはありませんが、ＢＹＯＤの場合は、さらに状況の捕捉が難しく、悪意による漏洩が容易である点は、十分に認識する必要があります。

💻 労働時間を管理しづらい

ＢＹＯＤは、業務効率を高める意味では非常に有効です。限られた会社所有の情報資産だけでなく、私用端末を業務利用することで、業務を行なう場所・時間の幅を広げる可能性を秘めています。

しかし、それは一方で、労働時間の管理がしにくくなるということでもあります。「私的なスマートフォン利用の延長で、ついつい真夜中に部下に業務指示のチャットをしてしまった」「私用端末のため、延々と業務を行なってしまい、３６協定の上限時間をいつの間にか超えてしまっている」といった問題を生じさせないためには、ＢＹＯＤが単なる私用端末の利用ではなく、「管理された」状態に置くことが肝要です。

💻 費用分担の問題

ＢＹＯＤの場合、通信料や電気代の私用部分を業務利用分と完全に切り分けることは難しくなります。

また、業務利用することで劣化の速度が格段に上がるため、故障した際の費用負担をめぐってトラブルになることが想定されます。

ＢＹＯＤの問題点

- ☑ 端末管理
- ☑ 情報漏洩リスク
- ☑ 労働時間管理
- ☑ 費用分担

ルールの策定と監視体制の整備が必須！

MDM	MAM

プライベート利用

業務利用

端末全体が監視対象。
プライベートも監視対象。

アプリが監視対象。
業務利用部分のみを監視。

🖥 適切なＢＹＯＤ活用のためにはどうする？

ＢＹＯＤを適切に活用するために、以下の２つを実行しましょう。

①まずはガイドラインの策定を

何よりも大切なのは、きちんとしたルールのもとでＢＹＯＤを活用していくということです。初期導入が容易であるために、ＢＹＯＤ使用上のガイドラインが策定されないまま、運用を開始してしまう会社もあると思いますが、なし崩し的な私用端末利用はＢＹＯＤとはいえません。

前述した問題を引き起こさないためにも、ガイドラインに則った適切な管理が必須です。

②ＭＡＭの導入を

５‐９項で触れたように、社用の端末であればＭＤＭの導入が望まれます。しかし、ＢＹＯＤ端末の場合、ＭＤＭを取り入れることにより、プライベート利用についても監視対象となってしまう問題点が指摘されています。

そこで、選択肢としてあげられるのが「ＭＡＭ」（Mobile Application Management：モバイルアプリケーション管理）の導入です。

ＭＡＭはその名のとおり、アプリケーションに特化して管理を行なうもので、プライベートの領域と業務利用の領域とを完全に分けて管理できるため、ＢＹＯＤ端末に適した管理方法といえます。

ＢＹＯＤを適切に利用できれば、そのメリットは大きく、テレワークの導入と安定的な運用に寄与することができます。リスクを正しく把握したうえで、必要な対策を検討しましょう。

5-11 テレワークにおける セキュリティ対策

🖥 テレワークのリスクを把握しておく

　テレワークを導入するうえで避けて通れないのが、「**セキュリティ**」の問題です。セキュリティ対策の基本的な考え方は、会社で業務を行なう場合と変わりはなく、次の3点が必要になります。

①組織的・人的セキュリティの確保（ルールの策定・従業員管理）
②物理的セキュリティの確保（モノの管理）
③技術的セキュリティの確保（ICTセキュリティ）

　しかし、テレワークの場合には、以下にあげるようなリスクにさらされています。

- ●従業員の監視が困難（不正を行ないやすい／ケアレスミスの発生）
- ●システム管理がおろそかになりやすい
- ●移動による紛失・盗難リスクの増大
- ●社内システムへのアクセス時の漏洩、マルウェア感染リスクの発生

　したがって、テレワークではこれらのリスクを念頭においたうえで、必要なセキュリティ対策を講じます。

　次ページの表に、一般的なセキュリティ対策例をあげました。

　セキュリティ対策は、強化すればするほど漏洩や窃取のリスクは低くなりますが、一方で費用がかさんだり、業務効率が下がったりする可能性も否定できません。事業の規模、発生するリスクの重大性、情報の機密性の程度、投じることのできる予算、業務効率等も考慮して、適切なセキュリティ対策を講じる必要があります。

◎テレワークにおけるセキュリティ対策の例◎

セキュリティ の種類	対策例
組織的・人的 セキュリティ	●セキュリティルールの策定 ●テレワークに向けた従業員教育の実施 ●端末管理ソフトの導入・モニタリング
物理的 セキュリティ	●紙媒体の持出し禁止 or 持出記録の作成 ●テレワーク環境でのパソコンの施錠保管
技術的 セキュリティ	●ハードディスクの暗号化 ●ログイン時のパスワード認証や指紋認証 ●アクセス制御 ●適切なアクセス方式の選定 ●ファイル共有ソフトの利用禁止 ●ウイルス対策ソフトのアップデート管理

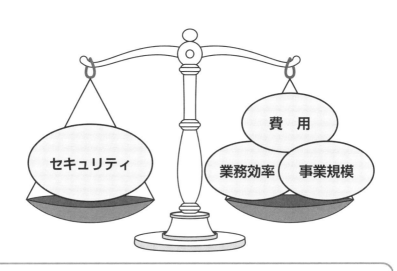

セキュリティとその他要素のバランスが大切！

5-12 セキュリティルールの策定

5章 情報通信環境の整備とセキュリティ対策のしかた

🖥 セキュリティルールを作成する手順

　前項で触れたように、テレワークでは独自の観点からセキュリティルールを策定する必要があります。セキュリティルールの策定手順としては、次のようなことが考えられます。

①セキュリティルールの大枠の決定

　まず、以下のような前提となる方針を決定します。
- 社内システムへのアクセス方法
- 情報通信機器の持ち帰りの可否
- 私用端末の利用可否
- 紙媒体の持ち帰りの可否

②業務フロー・作業手順の明確化

　次に、どのような手順で、どのようなルールのもとで業務を行なえば、セキュリティと効率を両立させられるかを検討します。

③リスクの検討、分析

　②の手順で業務を行なう場合、どのようなリスクがあるかを検討します。そのうえで、ルールをさらに厳格にするのか、あるいは潜在リスクとして認識しつつ、許容するのかを決定します。

④セキュリティルールの文書化

　①〜③の決定事項を総合して、セキュリティルールを文書化します。セキュリティルールは、「個人情報管理規程」や「情報セキュリティ規程」より一歩踏み込んで、従業員がやらなければならない

◎セキュリティルールの作成手順◎

大枠の決定

- ●社内システムへは、どうやってアクセスする？
- ●パソコンの購入は予算的に厳しい…、私用端末の利用を許可する？
- ●紙の持ち帰りは原則禁止にしたい…、全部ＰＤＦ化する？

業務フロー・作業手順の明確化

- ●社内システムへのアクセスをする際のパスワード管理は？
- ●テレワーク環境にあるパソコンにデータを保存するのはＯＫ？
- ●紙の持ち出し、返却のフローは？

リスクの検討・分析

- ●クラウドへのデータアップロードを禁止しても、現実には可能…、貸与するパソコンはシンクライアントとする？
- ●ＷＥＢ会議中に他の顧客からのメール受信の通知が来てしまい、ヒヤッとしたことがある…、アプリケーションを全部閉じる？

セキュリティルールの文書化

こと、やってはならないことをより詳細に、作業ベースで記述するとよいでしょう。

　また、セキュリティルールは、**定期的に見直す**ことが重要です。初めからすべてのリスクを把握できるわけではありません。まずは、最低限のルールでもよいので、ルールの作成・周知をしましょう。

　リスクが顕在化したら新たなルールを追加する、を繰り返していくことで、より強固なセキュリティを担保できるルールをつくり上げることができます。

　以下に、テレワークのセキュリティルールのモデル例（抜粋）をあげておきます。参考にしてください。

テレワーク　セキュリティルール

Ⅰ　テレワークにおける組織体制・ルール

1．○○株式会社（以下、「会社」という）において、テレワークを許可され、これに従事する者（以下、「テレワーク従事者」という）は、本セキュリティルール（以下、「本ルール」という）にもとづいて業務にあたり、これを遵守しなければならない。

2．テレワーク従事者は、テレワークを開始するにあたり、「テレワーク従事に関する誓約書」を提出するものとする。

3．本ルールの規定に違反した者は、就業規則第○条△項違反に該当するものとして、懲戒処分を行なう。

4．会社は、テレワーク従事者に対して、テレワーク開始の時期および年1回のセキュリティ教育を実施する。

5．テレワーク環境において、システム障害、業務に関わる物品の盗難・紛失、情報漏洩等の事案が発生した場合は、即時に○○に報告し、指示を仰ぐものとする。

6．会社は、テレワーク従事者に対してパソコンのログ監視等モニ

タリングを実施することがある。

7. テレワーク従事者は、3か月に1回、テレワーク運用チェックリストにもとづいて自宅の作業環境のチェックを実施し、これを○○に提出しなければならない。

Ⅱ　テレワークを実施する場所、物品の管理

1. テレワークは、原則としてテレワーク従事者の自宅でのみ行なうものとする。ただし、自宅に準ずる場所として、会社に許可を得た場所で業務を行なう場合は、この限りではない。

2. テレワーク従事者は、会社から紙媒体を持ち出してはならない。業務の都合により、やむを得ず持ち出す場合は、上長に承認を得たうえで「紙媒体持出管理台帳」に記載することとする。

3. テレワークに使用するパソコンなどの端末は、会社から貸与を受けるものとする。私用のパソコン、スマートフォンの利用はこれを認めない。

4. 会社から情報通信機器の貸与を受ける際は、ＰＣ等持出申請書に必要事項を記載のうえ、上長に提出しなければならない。

5. 1日のテレワーク業務を終了する際は、パソコン、スマートフォンの電源を落とし、可能な限り引出しや扉のある棚に格納するよう努めなければならない。

6. テレワーク環境において、業務に関する資料のプリントアウト、画面の撮影をしてはならない。

Ⅲ　社内システムへの接続・データの取扱い

1. 社内サーバへのアクセスは、社内に設置されているパソコンからのみ、これを許可する。テレワーク環境からの社内システムへのアクセスは、○○アカウントを用いたリモートデスクトップ接続で、社内に設置されたパソコンに接続することによって行なう。

2．リモートデスクトップ接続をする際のログインパスワードを端
　末に保存してはならない。

3．社内システムに接続する際、フリーWi-Fiを使用してはならない。

4．社内に保存されている電子データは、メール・チャットツール・
　クラウドシステム等を用いてテレワーク環境に持ち出してはなら
　ない。

Ⅳ　端末管理

1．テレワーク環境で使用しているパソコンの各種アプリケーショ
　ンは常に最新の状態を保つこととする。WindowsUpdate が正常
　に動作していることは、定期的に確認し、セキュリティ運用チェ
　ックリストの提出をもって報告しなければならない。

2．ウイルス対策ソフトのパターンファイルが最新であることを定
　期的に確認することとする。

3．パソコンへのログオンはパスワード入力を必須とする。なお、
　顔認証・指紋認証の機能があるパソコンについては、これを優先
　して利用する。

4．スクリーンセイバーの起動時間は5分以内、再開時にログオン
　画面に戻る設定とする。

Ⅴ　ＷＥＢ会議参加上のルール

1．予期せぬ外部情報の映り込みや会議内容の漏洩を防止するため、
　公共の場でのＷＥＢ会議への参加を禁止する

2．ＷＥＢ会議に参加する際は、メールやチャットのデスクトップ
　通知を停止させておくこととする。

3．ＷＥＢ会議のＵＲＬ共有は、参加者への個別の連絡を基本とし、
　一般に広く公開される場への掲示を禁止する。

5-13 情報漏洩時の 懲戒処分・損害賠償請求

　さまざまなセキュリティ対策を講じても、情報漏洩が起きる可能性をゼロにすることはできません。社員が故意または過失で情報漏洩を起こした場合、懲戒に処したり、損害賠償を請求したりすることはできるのでしょうか。

🖥 懲戒処分は可能か

　情報漏洩事案が発生した際に、懲戒処分を科すことができるかどうかは、以下の観点から検討することになります。

①就業規則等に情報漏洩に関する懲戒規定があるか（該当性）
②発生した事案と懲戒の重さが釣り合っているか（相当性）

　仮に、就業規則上に「故意または重大な過失により社内の機密事項を漏洩させた場合、懲戒解雇に処する」という規定があるとします。この場合において、重要な顧客情報が保存してあるパソコンがウイルス感染して当該情報が流出する事案が発生した場合、懲戒解雇に処すのは適当でしょうか。

　懲戒処分の該当性、相当性は、個別に判断する必要があり、一概に結論を出すことはできません。

　会社のセキュリティガイドラインで定められているウイルス対策ソフトをインストールしておらず、禁止されているサイトにアクセスした結果、例にあげたような事案が発生したとすれば、懲戒解雇が有効とみなされる可能性は相対的に高くなります。

　一方で、会社内では機密情報の取扱いとしているものの、流出による実損がほとんどない情報であれば、解雇は重すぎると判断され

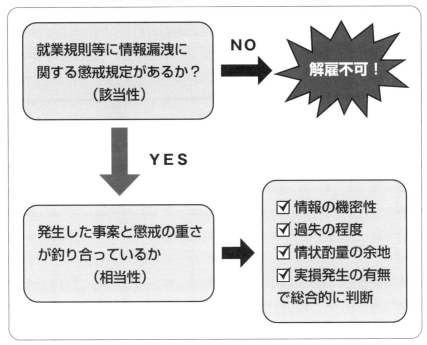

◎情報漏洩発生時の解雇の可否判断◎

る可能性が高いでしょう。

　また、「そもそもガイドラインがない」「ガイドラインの存在を周知していない」「セキュリティ教育を実施していない」など、会社の管理体制に不備があれば、情状酌量の余地がありとして、解雇が無効となることが考えられます。

　懲戒処分については、労働契約法15条において懲戒権行使の濫用禁止が定められており、その相当性は、以下のこと等を勘案して、総合的に判断することが求められます。

- ●情報の機密性　　●過失の程度
- ●情状酌量の余地　●実損発生の有無

🖥 損害賠償請求は可能か

　では、解雇ができないとしても、損害賠償を請求することはできるのでしょうか。

　一般的な就業規則には、故意または重大な過失によって会社に損害を与えた場合は、損害賠償を請求することができる旨、定められています（ちなみに、労働基準法16条で定めている「賠償予定の禁止」規定は、損害額をあらかじめ定めることを禁止したものであり、会社の損害賠償請求の権利そのものを否定したものではありません）。

　判例においても、会社の損害賠償請求が認められるケースは故意または重大な過失がある場合に限られ、また認められた場合であっても、賠償額は実際の損害額の4分の1程度にとどまっています。

　仮に、従業員側に義務違反があったとしても、損害賠償を請求できる可能性は少ないといえます。損害賠償を請求する可能性に言及するのは、ルール違反を抑止する効果を期待してのものである、ととらえておくべきでしょう。

　インシデントの発生を予防するためにも、また、インシデントが発生してしまったときに正しく措置を講じるためにも、就業規則やセキュリティガイドラインの整備が求められます。

◎情報漏洩発生時の損害賠償の可否判断◎

> 重大な過失や故意によるものであり、
> かつ実損があった場合でも、
> 全額を賠償させるのは難しい

6章

「テレワーク就業規則」の
つくり方

Telework

6-1 テレワーク勤務者に対する労働条件の明示

明示しなければならない労働条件とは

　使用者が労働者を採用するときは、賃金、労働時間その他の労働条件を明示しなければなりません（労基法15条１項）。明示しなければならない労働条件は以下のとおりですが、必ず明示しなければならない「絶対的必要記載事項」と、使用者が特に定める場合に明示しなければならない「相対的必要記載事項」に区分されます。

【絶対的必要記載事項】

①労働契約の期間に関する事項（期間の定めのある労働契約を更新する場合の基準に関する事項）

②就業の場所および従事すべき業務に関する事項

③始業および終業の時刻、所定労働時間を超える労働の有無、休憩時間、休日、休暇ならびに労働者を２組以上に分けて就業させる場合における就業時転換に関する事項

④賃金（退職手当および第５号に規定する賃金を除く。以下この号において同じ）の決定、計算および支払いの方法、賃金の締切りおよび支払いの時期ならびに昇給に関する事項（昇給は書面明示不要）

⑤退職に関する事項（解雇の事由を含む）

【相対的必要記載事項】

⑥退職手当の定めが適用される労働者の範囲、退職手当の決定、計算および支払いの方法ならびに退職手当の支払いの時期に関する事項

⑦臨時に支払われる賃金（退職手当を除く）、賞与、１か月を超え

る期間の出勤成績による精勤手当、1か月を超える一定期間の継続勤務による勤続手当、1か月を超える期間にわたる事由によって算定される奨励加給または能率手当、ならびに、最低賃金額に関する事項

⑧労働者に負担させるべき食費、作業用品その他に関する事項

⑨安全および衛生に関する事項

⑩職業訓練に関する事項

⑪災害補償および業務外の傷病扶助に関する事項

⑫表彰および制裁に関する事項

⑬休職に関する事項

テレワーク勤務者に関わる記載事項

　上記の記載事項のうち、テレワーク勤務者に関わる事項は、「②就業の場所および従事すべき業務に関する事項」と、「⑧労働者に負担させるべき食費、作業用品その他に関する事項」です。

　「就業の場所および従事すべき業務に関する事項」については、労働者に対し就労の開始時にテレワークを行なわせることとする場合には、自宅やサテライトオフィス等、テレワークを行なうことが可能である就業の場所を明示する必要があります。

　また、テレワークガイドラインによれば、「労働者が専らモバイル勤務をする場合等、業務内容や労働者の都合に合わせて働く場所を柔軟に運用する場合は、就業の場所についての許可基準を示した上で、『使用者が許可する場所』といった形で明示することも可能である」としています。

　ただし、これについて行政通達では、「雇入れ直後の就業の場所及び従事すべき業務を明示すれば足りるものであるが、将来の就業場所や従事させる業務を併せ網羅的に明示することは差し支えないこと」（平11.1.29基発第45号）とされているとおり、あくまでも雇入れ直後の就業の場所を明示すれば事足り、すでに勤務している労働者に対してテレワーク勤務を命じる場合などに、改めて労働条件

を明示する必要はないものと解されます。

　また、採用直後からテレワークを行なわせる場合には、労働者募集の段階での労働条件の明示においても、「就業の場所」としてテレワークを行なう場所を明示すべきとされています（職業安定法5条の3・職安法施行規則4条の2第3項3号）。

　また、労働条件の明示において、テレワーク勤務者にテレワークに伴って発生する費用を負担させることは、「⑧労働者に負担させるべき食費、作業用品その他に関する事項」に該当することになりますが、これについては後述します。

就業規則を変更する必要性

🖥 テレワーク導入に際し就業規則の変更は必要か

　テレワークを実施するにあたって、事前に就業規則の変更が必要となるか、という疑問が生じますが、結論からいえば、「**必ずしも変更する必要はない**」ということになります。

　労基法89条では、就業規則の作成、変更に関して規定されており、労働条件の明示と同様に、就業規則に記載しなければならない事項として、「絶対的必要記載事項」と「相対的必要記載事項」が定められています。

【絶対的必要記載事項】
①始業および終業の時刻、休憩時間、休日、休暇ならびに交替制の場合には就業時転換に関する事項
②賃金の決定、計算および支払いの方法、賃金の締切りおよび支払いの時期ならびに昇給に関する事項
③退職に関する事項（解雇の事由を含む）

【相対的必要記載事項】
④退職手当に関する事項
⑤臨時の賃金（賞与）、最低賃金金額について定める場合には、これに関する事項
⑥食費・作業用品等を負担させる場合には、これに関する事項
⑦安全・衛生に関する事項について定める場合には、これに関する事項
⑧職業訓練に関する事項について定める場合には、これに関する事項

⑨災害補償・業務外の傷病扶助について定める場合には、これに関する事項

⑩表彰・制裁について定める場合には、これに関する事項

⑪上記のほか、当該事業場の全労働者に適用される事項について定める場合には、これに関する事項

　一見すると、前項に掲げた労働条件の明示事項と同じように感じられますが、労働条件の明示においては、テレワーク勤務について重要な論点とされる「就業の場所および従事すべき業務に関する事項」が、就業規則の明示事項には含まれていません。

　つまり、労働者にテレワークを命じることになっても、ただちに就業規則の変更手続きをとらなければならない、というものではないのです。

　ただし、テレワークに要する通信費、情報通信機器等の費用負担、サテライトオフィスの利用に要する費用等を労働者に負担させる場合には、相対的必要記載事項である「⑥**食費・作業用品等を負担させる場合には、これに関する事項**」に該当するため、就業規則の変更が必要となります。

　テレワークは、新型コロナウイルス感染症への緊急対応のように、自然災害等の発生時におけるＢＣＰ（事業継続計画）に重要な役割を果たしますが、テレワークに伴う費用をすべて使用者が負担する場合には、就業規則を変更することなく、在宅勤務などのテレワークを実施することが可能となります。

　しかし、テレワークを将来にわたって恒常的に運用していく経営的意思決定がなされている場合は、テレワークの対象者、実施プロセス、遵守すべき服務規律事項、労働時間の設定と管理に関する事項等について一定のルールを策定し、「テレワーク就業規則」として規定化すべきであるといえます。

　わかりやすさという観点からは、就業規則に織り込むよりも、**別規程化したほうがベター**でしょう。

🖥 自宅は「事業場」に該当するか

　なお、労基法は「事業」に使用される労働者に適用され、「事業場」を単位に就業規則の届出義務を課しています。そうなると、在宅勤務の場合、当該自宅を管轄する労働基準監督署長に就業規則の届出が必要になるのかという疑問が生じます。

　この点、「場所的に分散しているものであっても、出張所、支所等で、規模が著しく小さく、組織的関連ないし事務能力等を勘案して一の事業という程度の独立性がないものについては、直近上位の機構と一括して一の事業として取り扱うこと。たとえば、新聞社の通信部の如きはこれに該当する」と通達されています（昭22.9.13発基17、昭23.3.31基発511、昭33.2.13基発90、昭63.3.14基発150・婦発47、平11.3.31基発168）。

　テレワークのうち、とりわけ在宅勤務の場合には、在宅勤務者の自宅が作業の場所となり、これは通常の就業場所からは物理的に独立しているものの、上記通達に照らせば「規模が著しく小さく、組織的関連ないし事務能力等を勘案して一の事業という程度の独立性がないもの」と考えられます。

　また、「事業場」と考えた場合、労働基準監督署の臨検対象となることを考慮すれば実務とは大きく乖離します。そのため、在宅勤務者の自宅を「事業場」とみることはできず、組織上、当該在宅勤務者が所属する部署（通常の就業場所）が事業場になるものと考えられます。

6-3 テレワークの対象者

🖥 対象者の基準を設定しよう

　テレワークの対象者の選定にあたっては、これまでは育児、介護、従業員自身の傷病等により出勤が困難と認められる者などに限定する例が多くみられましたが、テレワークをコロナ禍以降のニューノーマルととらえ、恒常的に運用する場合には、全従業員を対象とすることを検討すべきフェーズに入っているものと感じられます。

　対象者を選定する場合、**使用者、労働者およびテレワークの実施環境の3つの視点**から、次のような対象基準を設定し、規定化することが望ましいものと考えられます。

---

①業務上の必要性により、テレワークを命じられた者
②会社にテレワーク勤務の希望を申し出て許可を受けた者
③自宅の執務環境、セキュリティ環境、家族の理解のいずれも
　適正と認められる者

　また、勤続年数が短い従業員（たとえば、新入社員など）は、業務プランの策定、タスクへの優先順位のつけ方、服務規律等への理解が乏しく、自律して仕事を進めることができないといった考えから、一定の勤続年数を対象基準に加えることも考えられます。

　就業規則の規定例は、次ページを参考にしてください。

┌─【テレワーク就業規則の規定例】─────────────────

（在宅勤務の対象者）

第○条 在宅勤務の対象者は、就業規則第○条に規定する従業員で
あって次の各号の条件をすべて満たした者とする。

①在宅勤務を希望する者

②自宅の執務環境、セキュリティ環境、家族の理解のいずれも適
正と認められる者

2 在宅勤務を希望する者は、所定の許可申請書に必要事項を記入
のうえ、1週間前までに所属長から許可を受けなければならない。

3 会社は、業務上その他の事由により、前項による在宅勤務の許
可を取り消すことがある。

4 第2項により在宅勤務の許可を受けた者が在宅勤務を行なう場
合は、前日までに所属長へ利用を届け出ること。

6-4 テレワーク時の服務規律

🖥 情報セキュリティと職務専念義務に要注意

　テレワーク勤務者に関する服務規律は、就業規則（本則）に定められている遵守事項だけでなく、テレワーク勤務の特性を踏まえ、必要に応じて定めます。テレワーク勤務者に対する服務規律として重要な論点となるのが、**情報セキュリティに関する問題**です。

　テレワークの場合、会社の情報および作成した成果物を会社から持ち出し、テレワーク勤務者の就労の場所において、当該情報や成果物が流出し、第三者によって閲覧、複写等がなされる恐れがあります。それが家族などの親族であっても、不用意に情報が目に触れることは望ましくないとする場合は、「**従業員の親族を第三者とみなす**」と定めることも検討すべきでしょう。

　また、モバイルワークの場合、フリーWi-Fiや公衆無線LANスポット等、漏洩リスクの高いネットワークへの接続を禁止することも明示しておくべきであり、合わせて、テレワーク勤務に関しての情報セキュリティの対策や構築に関する詳細事項については「テレワークセキュリティイガイドライン」（総務省／平成25年3月）などにより別途「**情報セキュリティ管理規程**」を策定しておくことが望ましいでしょう。

　また、テレワーク勤務は自律的な業務遂行が前提であり、使用者側からすると性善説に立ったマネジメントをせざるを得ません。労働者には職務専念義務が課せられており、それはテレワーク勤務時にも当てはまります。就業規則（本則）において、「勤務中は職務に専念し、正当な理由なく勤務場所を離れないこと」と職務専念義務規定を定めるのは通例ですが、あえてテレワーク勤務規程に定めることにより、職務専念義務について注意喚起することが必要です。

┌【テレワーク就業規則の規定例】─────

（遵守事項）

第○条 従業員は、以下の事項を守らなければならない。

①許可なく職務以外の目的で会社の施設、物品等を使用しないこと。

②職務に関連して自己の利益を図り、または、他より不当に金品を借用し、もしくは、贈与を受ける等不正な行為を行なわないこと。

③勤務中は職務に専念し、正当な理由なく勤務場所を離れないこと。

④会社の名誉や信用を損なう行為をしないこと。

⑤在職中および退職後においても、業務上知り得た会社、取引先等の機密を漏洩しないこと。

⑥許可なく他の会社等の業務に従事しないこと。

⑦酒気を帯びて就業しないこと。

⑧テレワーク勤務の際に所定の手続きに従って持ち出した会社の情報および作成した成果物を第三者が閲覧、コピー等しないよう最大の注意を払うこと。

⑨前号に定める情報および成果物は紛失、毀損しないように丁寧に取り扱い、セキュリティガイドラインに準じた確実な方法で保管・管理しなければならないこと。

⑩在宅勤務中は自宅以外の場所で業務を行なってはならないこと。

⑪モバイル勤務者は、会社が指定する場所以外で、パソコンを作動させたり、重要資料を見たりしてはならないこと。

⑫モバイル勤務者は、フリーWi-Fiや公衆無線LANスポット等漏洩リスクの高いネットワークへの接続は禁止すること。

⑬テレワーク勤務の実施にあたっては、会社情報の取扱いに関し、セキュリティガイドラインおよび関連規程類を遵守すること。

⑭その他従業員としてふさわしくない行為をしないこと。

6-5 テレワーク時の労働時間

 みなし労働時間制を適用するときは…

　テレワーク勤務者に適用する労働時間制度は、クラウド仕様の勤怠管理システムの著しい普及と相まって、これまでのオフィス勤務と同様に始業・終業時刻を自ら打刻することによって勤怠管理を行なうことがほとんどです。これは、一般の労働時間制度のみならず、労働時間の適正な把握を要するフレックスタイム制、変形労働時間制などにも適用されます。

　とりわけ、テレワーク勤務者が自らの裁量で中抜けできること、また、申請手続きを簡略化することを検討した場合、フレックスタイム制との併用が有効で、とりわけコアタイムを設けないいわゆる「スーパーフレックスタイム制」が適していると考えられます。

　このスーパーフレックスタイム制であれば、子どもの保育所や学校からの急な呼び出し、私用電話や私用外出などにも対応できるほか、1日の標準労働時間を8時間などと定めておけば、中抜けしていた時間を他の時間帯での勤務でカバーすることができます。

　また、1日の労働時間について、一定の時間を労働したものとみなす「みなし労働時間制」には、「事業場外みなし労働時間制」と「裁量労働時間制」（専門業務型・企画業務型）がありますが、これらもテレワークに活用できます。

　とりわけ在宅勤務の場合は、使用者がむやみに介入すべきではない労働者の私生活の場である自宅で勤務が行なわれることから、労働者の勤務時間帯と日常生活時間帯が混在せざるを得ない事情への親和性は高いといえます。

　このことから、労働時間を算定することが難しく、ある一定の要件を満たす場合には、労基法38条の2に規定する事業場外みなし労

【テレワーク就業規則の規定例】

（テレワーク勤務時の労働時間）

第○条　テレワーク勤務時の労働時間については、就業規則第○条の定めるところによる。

2　前項にかかわらず、会社の承認を受けて始業時刻、終業時刻および休憩時間の変更をすることができる。

3　第1項にかかわらず、在宅勤務を行なう者が次の各号に該当する場合であって会社が必要と認めた場合は、就業規則第○条を適用し、第○条に定める所定労働時間の労働をしたものとみなす。この場合、労働条件通知書等の書面により明示する。

①従業員の自宅で業務に従事していること。

②会社と在宅勤務者間の情報通信機器の接続は在宅勤務者に任せていること。

③在宅勤務者の業務が常に所属長から随時指示命令を受けなければ遂行できない業務でないこと。

4　第2項の規定により所定労働時間が短くなる者の給与については、育児・介護休業規程第○条に規定する勤務短縮措置時の給与の取扱いに準じる。

働時間制を適用するケースがみられますが、テレワークに事業場外みなし労働時間制を適用させるためには、3章（3−5項）で触れたとおり、次の2つの要件をいずれも満たす必要があります。

---

①情報通信機器が、使用者の指示により常時通信可能な状態におくこととされていないこと。

②随時、使用者の具体的な指示にもとづいて業務を行なっていないこと。

事業場外みなし労働時間制は、そもそも「使用者の具体的な指揮監督が及ばず、労働時間を算定することが困難なとき」に適用されるものであり、テレワークといっても、情報共有や業務報告の必要性から、ＷＥＢ会議の頻度が高まり、結果として、上記要件①を満たさない場合もあります。

　また、ＷＥＢ会議システムの急速な進展により、実際にはオフィスでの就業時と同程度のマイクロマネジメントが行なわれているケースもあり、使用者の具体的な指揮監督が及び、上記要件②を満たさない場合も見られます。

　事業場外みなし労働時間制は、携帯電話等が普及する以前に立法化された制度であり、ツアーコンダクター（国内・海外）に対する事業場外みなし労働時間制が最高裁で否認された例をみても、その時代的役割は終えているようにも感じられます（阪急トラベルサポート事件：平成26年１月24日／最二小判決）。

　したがって、事業場外みなし労働時間制の導入にあたっては、慎重な検討が必要となります。

6-6 テレワーク時の休憩時間

🖥 休憩は一斉に与えなければならないか

　テレワークという就労形態は、使用者からの目に見える管理下からはずれることから、「仕事中に手を休めているかもしれないし、家事や雑用をしているかもしれないので、休憩を与えているものとみなしていいのではないか」という疑義を抱くことがあります。

　しかし、事実上、労働からの離脱がしやすい環境に置くことと、労働から離れることを権利として保障していること（休憩）とは異なります。

　すなわち、テレワーク勤務者に対しても、「1日の労働時間が6時間を超える場合は45分以上、労働時間が8時間を超える場合は60分以上」の休憩を与えなければなりません。

　また、商業、保健衛生業など一定の事業を除き、休憩は一斉に与えなければなりませんので、テレワーク勤務者の休憩時間帯は、所属事業場の休憩時間帯と合わせる必要がありますが、労使協定を締結すれば、一斉に与えないことが可能となります。

【テレワーク就業規則の規定例】
（休憩時間）
第○条　テレワーク勤務者の休憩時間については、就業規則第○条の定めるところによる。

6-7 テレワーク時の所定休日

🖥 本則の就業規則に従う

テレワーク勤務者に対しても、原則として「**週1回以上または4週に4日の休日**」（法定休日）を与えなければなりません（労基法35条）。

一方、使用者が任意に定めることができる「所定休日」については、テレワーク勤務を認めても、所定休日数に変更は生じないものと考えられるので、就業規則（本則）の定めに従うことになります。

┌─【テレワーク就業規則の規定例】─────────────

（所定休日）

第○条　テレワーク勤務者の休日については、就業規則第○条の定めるところによる。

6-8 テレワーク時の時間外労働

　テレワーク勤務者に対する時間外労働、休日労働および深夜労働は、規定例❶のように、所属長からの明示的な指揮命令か、テレワーク勤務者からの申請にもとづき、所属長が許可を与えるフローとすることが考えられます。

　また、規定例❷のように、時間外労働、休日労働および深夜労働は原則として認めない、と規定する方法もあり得るでしょう。

┌─【テレワーク就業規則の規定例❶】─────────────

（時間外および休日労働等）

第○条　テレワーク勤務者が時間外労働、休日労働および深夜労働をする場合は、所定の手続きを経て所属長の許可を受けなければならない。

2　時間外および休日労働について必要な事項は、就業規則第○条の定めるところによる。

3　時間外、休日および深夜の労働については、給与規程にもとづき、時間外勤務手当、休日勤務手当および深夜勤務手当を支給する。

┌─【テレワーク就業規則の規定例❷】─────────────

（時間外および休日労働等）

第○条　テレワーク勤務者については、原則として時間外労働、休日労働および深夜労働をさせることはない。ただし、やむを得ない事由がある場合は、所定の手続きを経て所属長の許可を受けなければならない。

2〜3　（略）

テレワーク時の出退勤管理

💻 勤怠管理はどのように行なうか

　テレワーク勤務時には、従業員が通常の勤務と異なる環境で就業することになるため、労働時間の管理方法や業務管理方法について確認し、ルールを決めておくことが必要です。

　テレワーク勤務時の勤怠管理には、始業および終業の時刻の記録・報告を行なう勤怠管理が主流であり、クラウド型の勤怠システムを利用しているケースが多くみられます。

　また、労働時間中のプレゼンス管理（在席管理）や、時間帯ごとにタスクを書き出して業務遂行状況を把握する業務管理の観点もあります。

　勤怠管理には、次のような方法が考えられます。

①電子メール

　テレワーク実施企業で、最も多く利用されています。使い慣れている、業務の報告を同時に行ないやすい、担当部署も一括で記録を共有できるなどの特徴があります。

②電話（ビジネスフォン）

　テレワーク実施企業で、電子メールに次いで利用されています。使い慣れている、時間がかからない、コミュニケーションの時間が取れるなどの特徴があります。

③勤怠管理ツール（始業および終業の時刻などを管理することができるシステム）

　勤怠管理ツールを利用することで、電子メールで通知しなくても

よい、管理者が大人数を管理しやすい、人事労務担当部署も記録を共有できるなどの特徴があります。業務中に常時、通信可能な状態にする、個別に報告する手間がかからないなどの特徴もあります。

【テレワーク就業規則の規定例】

（始業および終業時刻の記録）

第○条　従業員は、始業および終業時にタイムカードを自ら打刻し、始業および終業の時刻を記録しなければならない。

2　前項にかかわらず、テレワークを行なう場合は、テレワーク就業規則に定める方法によって、勤務の開始よび終了の報告ならびに業務報告を行なわなければならない。

（業務の開始および終了の報告）

第○条　テレワーク勤務者は、就業規則第○条の規定にかかわらず、勤務の開始および終了について、次のいずれかの方法により報告しなければならない。

①電　話

②電子メール

③勤怠管理ツール

（業務報告）

第○条　テレワーク勤務者は、定期的または必要に応じて、電話または電子メール等で所属長に対し、所要の業務報告をしなくてはならない。

6-10 テレワーク時の通勤手当の取扱い

💻 「定期代相当額」の場合は規程の変更を

　通勤手当は、一般に1か月単位、3か月単位、6か月単位のいずれかで支給しているケースが多くみられますが、一部にテレワークを導入した場合、出社日のみに日割り分として実費相当額を支給する方式に変更するニーズが生まれます。

　これについて、もともとの就業規則（賃金規程等）で「実費相当額」を支給する旨の定めがある場合には、特段の変更手続きは要しないことになりますが、「定期代相当額」を支給するという定めである場合、「通勤手当＝定期代相当額」となり、通勤実績の如何に関わらず支給額が確定されてしまうため、規程を変更しなければ通勤手当を日払いとすることは困難となります。

---【テレワーク就業規則の規定例】---
（テレワーク時の通勤手当）
　第○条　テレワーク時の通勤手当は、テレワーク勤務が週に4日以上の場合、毎月定額の通勤手当は支給せず、実際に通勤に要する往復運賃の実費を支給する。

6-11 テレワーク時の費用負担

🖥 費用項目ごとに負担者を決めておく

　「情報通信技術を利用した事業場外勤務の適切な導入及び実施のためのガイドライン」によれば、「通信費、情報通信機器等のテレワークに要する費用負担の取扱い」について、次のように言及されています。

> 　テレワークに要する通信費、情報通信機器等の費用負担、サテライトオフィスの利用に要する費用、もっぱらテレワークを行ない、事業場への出勤を要しないとされている労働者が事業場へ出勤する際の交通費等、テレワークを行なうことによって生じる費用については、通常の勤務と異なり、テレワークを行なう労働者がその負担を負うことがあり得ることから、労使のどちらが負担するか、また、使用者が負担する場合における限度額、労働者が請求する場合の請求方法等については、あらかじめ労使で十分に話し合い、就業規則等において定めておくことが望ましい。

　テレワーク勤務に関わるコストに関しては、以下のような事項が想定されますが、労使の話し合いにより、会社負担か個人負担かを項目によって決めておくことが必要です。

①情報通信機器の費用

　パソコン本体や周辺機器、携帯電話、スマートフォン等の情報通信機器に関しては、自己所有のパソコン等を利用する例も見られますが、最近では、セキュリティの観点から会社のパソコンを貸与す

るケースが大半を占めています。基本的には「全額会社負担」としているところが多いものと考えられます。

②通信回線費用

　モバイルワークでは、携帯電話やノート型パソコンを会社から貸与し、Wi-Fiや無線LAN等の通信費用を会社が負担しているケースが多く見られますが、他方、在宅勤務では、自宅内のブロードバンド回線の工事費、基本料金、通信回線使用料等が発生することがあります。

　この場合、その負担を本人と合意のうえ、「個人負担」としている例も見られますが、「会社が全額あるいは一部負担」するケースも少なくありません。

　最近では、Wi-Fiのモバイルルーターを会社が貸与するケースも増えており、モバイルルーターを貸与する形式を採れば、通信回線の工事などは不要となるため、主流化していくものと考えられます。モバイルルーターの基本料金や通信回線使用料については、原則として「会社負担」としている例が多く見られます。

③文具、備品、宅配便等の費用

　文具消耗品等については、会社が購入したものを使用する例が多いです。

　切手や郵送用品等、事前に配布できるものは、あらかじめ在宅勤務者に渡しておき、会社宛ての宅配便は着払いにすることなどで対応できます。

　在宅勤務者が、やむを得ず文具消耗品の購入や郵送料金の立て替えを行なうことも考えられるので、事前確認を義務づけ、購入可能な決済金額など精算方法等も就業規則でルール化しておく必要があります。

┌─【テレワーク就業規則の規定例❶】──────────
│ **（費用の負担）**
│ 第○条　会社が貸与する情報通信機器を利用する場合の通信費は会
│ 　　社負担とする。
│ 2　テレワーク勤務に伴って発生する水道光熱費はテレワーク勤務
│ 　　者の負担とする。
│ 3　業務に必要な郵送費、事務用品費、消耗品費その他会社が認め
│ 　　た費用は会社負担とする。
│ 4　その他の費用についてはテレワーク勤務者の負担とする。
└──────────────────────────

┌─【テレワーク就業規則の規定例❷】──────────
│ **（テレワーク手当）**
│ 第○条　テレワーク勤務者が負担する自宅の水道光熱費および通信
│ 　　費用（ただし、資料送付に要する郵便代は除く）のうち、業務負
│ 　　担分として毎月、月額○○○○円を支給する。
└──────────────────────────

④水道光熱費

　自宅の電気、水道などの光熱費も実際には負担が生じますが、業
務使用分との切り分けが困難です。上記①〜③の各費用と合わせて
「テレワーク勤務手当」として一定金額を支給したり、定額の経費
負担制を採用したりすることを検討してもよいでしょう。

⑤交通費

　在宅勤務者であっても、顧客先等へ赴くこともあるでしょう。公
共交通機関を利用する場合には、会社が実費を負担することが一般
的ですが、自家用車等を利用する場合には、何らかのルールが必要
となります。

　マイカー通勤に準じて、負担すべき1ℓ当たりのガソリン代をあ

◎定額で手当を支給する場合の1か月当たりの支給額◎

合　計	（31社）100.0%
1,000円	3.2%
1,500円	3.2%
2,000円	9.7%
2,500円	3.2%
3,000円	29.0%
3,500円	3.2%
4,000円	12.9%
4,400円	3.2%
5,000円	12.9%
10,000円	19.4%

（注1）1日あたりの定額で手当を支給している場合は、1か月フルリモートで勤務した場合の金額を回答いただいた。
（注2）1社当たりの平均額は4,577円。

（出典：労務行政研究所「労務時報」より）

◎テレワーク手当の支給実例◎

会　社	手　当　額
メルカリ	6か月6万円
LINE	月5,000円→終了
さくらインターネット	月3,000円
ドワンゴ（dwango）	月2万円
NTTドコモ	200円／在宅勤務日ごと
日立製作所	月3,000円
富士通	月5,000円
ヤフー	月：どこでもオフィス手当（4,000円）＋通信補助（3,000円）
ミクシー	月5,000円
ネットフロンティア	月1万円＋ZOOMランチ手当500円＋飲み会手当1,000円
アイレット	月1万円
ジンズ（JINS）	出勤1日当たり、フルタイムは1,000円、パートタイムは500円
SCSK	月5,000円
TIS	月5,000円

らかじめ決めておくことが考えられますが、プライベートでの利用との分別が困難です。

　そもそも、自家用車を業務に利用する場合には、車検証や任意保険への加入の確認など、リスク回避に関わる手続きが煩雑です。当初から自家用車の業務上の利用を禁止しておくことも検討に値するでしょう。

　現実には、光熱費や通信費等の費用についてビジネスとプライベートで峻別し、管理することは困難であることから、テレワーク勤務者の負担に代えて、一定額の手当（テレワーク手当）を支給して補う例も多くみられます。テレワーク手当の支給額は、前ページのような相場感となっていますので、検討する際の参考としてください。

　なお、定額の手当の支給をもって費用負担を行なう場合は、当該手当は、**割増賃金の算定基礎に算入**しなければならず、割増賃金の単価が変動することになることに留意しなければなりません。この場合、毎月一定額を渡し切りで支給することになるので、テレワーク勤務者に対する給与として課税することになります。

6-12 テレワーク時の 情報通信機器等の貸与

🖥 自社のセキュリティガイドラインを設定しよう

　会社がパソコン等の情報通信機器を貸与する場合、テレワーク勤務者が、会社が認めていないソフトウェアなどを恣意的にインストールすることは、情報セキュリティなどの観点から問題が大きいため明確に禁止することが必要です。

　また、テレワーク勤務者が自己所有するパソコン等の情報通信機器を利用させる場合は、本人以外の者（たとえば、家族など）が併用する可能性もあり、業務上の秘密事項などを遵守する観点からは、ウイルス感染やサイバー攻撃に対する防護が十分とはいえません。

　その意味では、自社としてのセキュリティガイドラインを設け、オフィス外からのアクセスや電子メール送受信などに関する制限、顧客との打ち合わせで発生するデータや端末の持ち出しの手続き方法など、業務を行なううえで通常遵守すべきセキュリティの考え方をまとめておくことが望まれます。

┌─【テレワーク就業規則の規定例】─────────────

（情報通信機器・ソフトウェア等の貸与等）

第○条　会社は、テレワーク勤務者が業務に必要とするパソコン、プリンタ等の情報通信機器、ソフトウェアおよびこれらに類するものを貸与する。なお、当該パソコンに会社の許可を受けずにソフトウェアをインストールしてはならない。

2　会社は、テレワーク勤務者が所有する機器を利用させることができる。この場合、セキュリティガイドラインを満たした場合に限るものとし、費用については話し合いのうえ決定するものとする。

6-13 テレワーク勤務に係る 費用負担等に関する源泉所得税

　国税庁は、令和3年1月に「在宅勤務に係る費用負担等に関するFAQ（源泉所得税関係）」をリリースしています。これは、令和2年12月1日現在の法令等にもとづいて作成されたQ＆Aですが、在宅勤務に伴って生じる費用負担について、税務処理上の考え方を以下のとおり、示しています。

在宅勤務手当

　企業が従業員に在宅勤務手当（従業員が在宅勤務に通常必要な費用として使用しなかった場合でも、その金銭を企業に返還する必要がないもの（たとえば、企業が従業員に対して毎月5,000円を渡切りで支給するもの））を支給した場合は、従業員に対する給与として課税する必要があります。

在宅勤務に係る事務用品等の支給

　企業が所有する事務用品等を従業員に貸与する場合には、従業員に対する給与として課税する必要はありませんが、企業が従業員に事務用品等を支給した場合（事務用品等の所有権が従業員に移転する場合）には、従業員に対する現物給与として課税する必要があります。

業務使用部分の精算方法

　在宅勤務手当としてではなく、企業が在宅勤務に通常必要な費用を精算する方法により従業員に対して支給する一定の金銭については、従業員に対する給与として課税する必要はありません。

　この方法としては、次の方法が考えられます。

①従業員へ貸与する事務用品等の購入

イ企業が従業員に対して、在宅勤務に通常必要な費用として金銭を仮払いした後、従業員が業務のために使用する事務用品等を購入し、その領収証等を企業に提出してその購入費用を精算（仮払金額が購入費用を超過する場合には、その超過部分を企業に返還）する方法

ロ従業員が業務のために使用する事務用品等を立替払いにより購入した後、その購入に係る領収証等を企業に提出してその購入費用を精算（購入費用を企業から受領）する方法

②通信費・電気料金

イ企業が従業員に対して、在宅勤務に通常必要な費用として金銭を仮払いした後、従業員が家事部分を含めて負担した通信費や電気料金について、業務のために使用した部分を合理的に計算し、その計算した金額を企業に報告してその精算をする（仮払金額が業務に使用した部分の金額を超過する場合、その超過部分を企業に返還する）方法

ロ従業員が家事部分を含めて負担した通信費や電気料金について、業務のために使用した部分を合理的に計算し、その計算した金額を企業に報告してその精算をする（業務のために使用した部分の金額を受領する）方法

通信費に係る業務使用部分の計算方法

＜電話料金＞

①通話料

通話料（下記②の基本使用料を除きます）については、通話明細書等により業務のための通話に係る料金が確認できますので、その金額を企業が従業員に支給する場合には、従業員に対する給与として課税する必要はありません。

なお、業務のための通話を頻繁に行なう業務に従事する従業員については、通話明細書等による業務のための通話に係る料金に代え

て、たとえば、次の【算式❶】により算出したものを、業務のための通話に係る料金として差し支えありません。

②**基本使用料**

　基本使用料などについては、業務のために使用した部分を合理的に計算する必要があります。

　たとえば、次の【算式❶】により算出したものを企業が従業員に支給する場合には、従業員に対する給与として課税しなくて差し支えありません。

＜インターネット接続に係る通信料＞

　基本使用料やデータ通信料などについては、業務のために使用した部分を合理的に計算する必要があります。

　たとえば、次の【算式❶】により算出したものを企業が従業員に支給する場合には、従業員に対する給与として課税しなくて差し支えありません。

【算式❶】

$$\text{業務のために使用した基本使用料や通信料等} = \text{従業員が負担した1か月の基本使用料や通信料等} \times \frac{\text{その従業員の1か月の在宅勤務日数}}{\text{該当月の日数}} \times \frac{1}{2}$$

電気料金に係る業務使用部分の計算方法

　基本料金や電気使用料については、業務のために使用した部分を合理的に計算する必要があります。

　たとえば、次の【算式❷】により算出したものを従業員に支給した場合には、従業員に対する給与として課税しなくて差し支えありません。

【算式❷】

$$\text{業務のために使用した基本料金や電気使用料} = \text{従業員が負担した1か月の基本料金や電気使用料} \times \frac{\text{業務のために使用した部屋の床面積}}{\text{自宅の床面積}} \times \frac{\text{その従業員の1か月の在宅勤務日数}}{\text{該当月の日数}} \times \frac{1}{2}$$

🖥️ レンタルオフィス

　従業員が、勤務時間内に自宅近くのレンタルオフィス等を利用して在宅勤務を行なった場合、①従業員が在宅勤務に通常必要な費用としてレンタルオフィス代等を立替払いし、かつ、②業務のために利用したものとして領収書等を企業に提出してその代金が精算されているものについては、従業員に対する給与として課税する必要はありません（企業が従業員に金銭を仮払いし、従業員がレンタルオフィス代等に係る領収証等を企業に提出し精算した場合も同じです）。

6-14 モデル「テレワーク就業規則」

この章の最後に、厚生労働省の「モデル『テレワーク就業規則』
（在宅勤務規程）」にもとづく規程例を載せておきます。

テレワーク就業規則（在宅勤務規程）

第1章　総　則

（在宅勤務制度の目的）
第1条　この規程は、○○株式会社（以下「会社」という）の就業
　　規則第○条にもとづき、従業員が在宅で勤務する場合の必要な事
　　項について定めたものである。

（在宅勤務の定義）
第2条　在宅勤務とは、従業員の自宅、その他自宅に準じる場所（会
　　社指定の場所に限る）において情報通信機器を利用した業務をい
　　う。

（サテライトオフィス勤務の定義）
第3条　サテライトオフィス勤務とは、会社所有の所属事業場以外
　　の会社専用施設（以下「専用型オフィス」という）、または、会
　　社が契約（指定）している他会社所有の共用施設（以下「共用型
　　オフィス」という）において情報通信機器を利用した業務をいう。

（モバイル勤務の定義）

第4条　モバイル勤務とは、在宅勤務およびサテライトオフィス勤務以外で、かつ、社外で情報通信機器を利用した業務をいう。

第2章　在宅勤務の許可・利用

（在宅勤務の対象者）

第5条　在宅勤務の対象者は、就業規則第○条に規定する従業員であって次の各号の条件をすべて満たした者とする。

①在宅勤務を希望する者

②自宅の執務環境、セキュリティ環境、家族の理解のいずれも適正と認められる者

2　在宅勤務を希望する者は、所定の許可申請書に必要事項を記入のうえ、1週間前までに所属長から許可を受けなければならない。

3　会社は、業務上その他の事由により、前項による在宅勤務の許可を取り消すことがある。

4　第2項により在宅勤務の許可を受けた者が在宅勤務を行なう場合は、前日までに所属長へ利用を届け出ること。

（在宅勤務時の服務規律）

第6条　在宅勤務に従事する者（以下「在宅勤務者」という）は就業規則第○条およびセキュリティガイドラインに定めるもののほか、次に定める事項を遵守しなければならない。

①在宅勤務の際に所定の手続きに従って持ち出した会社の情報および作成した成果物を第三者が閲覧、コピー等しないよう最大の注意を払うこと。

②在宅勤務中は業務に専念すること。

③第1号に定める情報および成果物は紛失、毀損しないように丁寧に取り扱い、セキュリティガイドラインに準じた確実な方法で保管・管理しなければならないこと。

④在宅勤務中は自宅以外の場所で業務を行なってはならないこと。

⑤在宅勤務の実施に当たっては、会社情報の取扱いに関し、セキュリティガイドラインおよび関連規程類を遵守すること。

第3章　在宅勤務時の労働時間等

（在宅勤務時の労働時間）

第7条　在宅勤務時の労働時間については、就業規則第○条の定めるところによる。

2　前項にかかわらず、会社の承認を受けて始業時刻、終業時刻および休憩時間の変更をすることができる。

3　前項の規定により所定労働時間が短くなる者の給与については、育児・介護休業規程第○条に規定する勤務短縮措置時の給与の取扱いに準じる。

（休憩時間）

第8条　在宅勤務者の休憩時間については、就業規則第○条の定めるところによる。

（所定休日）

第9条　在宅勤務者の休日については、就業規則第○条の定めるところによる。

（時間外および休日労働等）

第10条　在宅勤務者が時間外労働、休日労働および深夜労働をする場合は、所定の手続きを経て所属長の許可を受けなければならない。

2　時間外および休日労働について必要な事項は、就業規則第○条の定めるところによる。

3　時間外、休日および深夜の労働については、給与規程にもとづ

き、時間外勤務手当、休日勤務手当および深夜勤務手当を支給する。

（欠勤等）
第11条　在宅勤務者が、欠勤をし、または勤務時間中に私用のために勤務を一部中断する場合は、事前に申し出て許可を得なくてはならない。ただし、やむを得ない事情で事前に申し出ることができなかった場合は、事後速やかに届け出なければならない。

2　前項の欠勤、私用外出の賃金については給与規程第○条の定めるところによる。

第4章　在宅勤務時の勤務等

（業務の開始および終了の報告）
第12条　在宅勤務者は就業規則第○条の規定にかかわらず、勤務の開始および終了について次のいずれかの方法により報告しなければならない。
　①電話　　②電子メール　　③勤怠管理ツール
　④その他会社が定めたテレワークツール

（業務報告）
第13条　在宅勤務者は、定期的または必要に応じて、電話または電子メール等で所属長に対し、所要の業務報告をしなくてはならない。

（在宅勤務時の連絡体制）
第14条　在宅勤務時における連絡体制は次のとおりとする。
　①事故・トラブル発生時には所属長に連絡すること。なお、所属長が不在時の場合は所属長が指名した代理の者に連絡すること。
　②前号の所属長または代理の者に連絡がとれない場合は、○○○課担当まで連絡すること。
　③社内における従業員への緊急連絡事項が生じた場合、在宅勤務

者へは所属長が連絡をすること。なお、在宅勤務者は不測の事態が生じた場合に確実に連絡がとれる方法をあらかじめ所属長に連絡しておくこと。

④情報通信機器に不具合が生じ、緊急を要する場合は○○課へ連絡をとり指示を受けること。なお、○○課へ連絡する暇がないときは、会社と契約しているサポート会社へ連絡すること。いずれの場合においても事後速やかに所属長に報告すること。

⑤前各号以外の緊急連絡の必要が生じた場合は、前各号に準じて判断し対応すること。

2　社内報、部署内回覧物であらかじめランク付けされた重要度に応じ、至急でないものは在宅勤務者の個人メール箱に入れ、重要と思われるものは電子メール等で在宅勤務者へ連絡すること。なお、情報連絡の担当者はあらかじめ部署内で決めておくこと。

第5章　在宅勤務時の給与等

（給　与）

第15条　在宅勤務者の給与については、就業規則第○条の定めるところによる。

2　前項の規定にかかわらず、在宅勤務（在宅勤務を終日行なった場合に限る）が週に4日以上の場合の通勤手当については、毎月定額の通勤手当は支給せず、実際に通勤に要する往復運賃の実費を給与支給日に支給するものとする。

（費用の負担）

第16条　会社が貸与する情報通信機器を利用する場合の通信費は会社負担とする。

2　在宅勤務に伴って発生する水道光熱費は在宅勤務者の負担とする。

3　業務に必要な郵送費、事務用品費、消耗品費その他会社が認め

た費用は会社負担とする。

4　その他の費用については在宅勤務者の負担とする。

（情報通信機器・ソフトウェア等の貸与等）

第17条　会社は、在宅勤務者が業務に必要とするパソコン、プリン
　　タ等の情報通信機器、ソフトウェアおよびこれらに類する物を貸
　　与する。なお、当該パソコンに会社の許可を受けずにソフトウェ
　　アをインストールしてはならない。

2　会社は、在宅勤務者が所有する機器を利用させることができる。
　　この場合、セキュリティガイドラインを満たした場合に限るもの
　　とし、費用については話し合いのうえ決定するものとする。

（教育訓練）

第18条　会社は、在宅勤務者に対して、業務に必要な知識、技能を
　　高め、資質の向上を図るため、必要な教育訓練を行なう。

2　在宅勤務者は、会社から教育訓練を受講するよう指示された場
　　合には、特段の事由がない限り指示された教育訓練を受けなけれ
　　ばならない。

（災害補償）

第19条　在宅勤務者が自宅での業務中に災害に遭ったときは、就業
　　規則第○条の定めるところによる。

（安全衛生）

第20条　会社は、在宅勤務者の安全衛生の確保および改善を図るた
　　め必要な措置を講ずる。

2　在宅勤務者は、安全衛生に関する法令等を守り、会社と協力し
　　て労働災害の防止に努めなければならない。

本規程は、令和○年○月○日より施行する。

7章

テレワーク時の人事評価は
どうする？

Telework

7-1 人事制度はジョブ型に転換!?

「ジョブ型」とは

　テレワークの導入に関連して、人事制度を従来の日本の「**メンバーシップ型**」から、職務を明確にして採用する欧米流の「**ジョブ（職務）型**」に切り替える必要があるという意見があります。

　テレワークでも管理しやすく、専門人材を採用しやすいと考えられている、この「ジョブ型」とは、そもそもどのような制度なのでしょうか。

　まず、ジョブ型の賃金＝「**職務給**」の基本的な考え方は、次のとおりです。

> ①賃金は職務の代価であり、「人」に支払われるものではない
> ②賃金の高さは職務の価値によって決まる

　つまり、ジョブ型において賃金を決定するには、職務が明確であること、職務の価値を明確にするための分析と評価がなされることが必要なのです。

　そのため、職務内容・職務の目的・責任範囲・必要なスキルや経験などを細かく具体的に定めた「**ジョブ・ディスクリプション**」（職務記述書。196ページ参照）が必要となります。

　このジョブ・ディスクリプションにもとづいて業務を遂行することとなり、それが達成できたかどうかで、報酬や処遇（継続して雇用されるか、解雇されるか）が決定します。会社の事業方針の変更などによって、その職務がなくなることもあり得ますから、その場合には、解雇されることになります。

　難易度の高い業務には高い賃金が支払われ、難易度が低い業務の

◎ジョブ型とメンバーシップ型の比較◎

ジョブ型		メンバーシップ型
職務を明確にし、最適な人材を充てる	概　要	職務を限定せず、広く人材を採用
仕事が主体	雇用の考え方	人が主体
専門的、限定的。ジョブ・ディスクリプション（職務記述書）で決定	業務内容	総合的、全般的
転勤・異動なし	職　場	転勤・異動あり
仕事がなくなれば解雇	安定性	終身雇用
高い（転職・解雇）	人材流動性	低い（終身雇用）
業務内容で決定	賃金・待遇	年功序列、定期昇給
自主自発的に研鑽	教育・研修	全体研修、ジョブローテーション
中途採用・経験者採用	主な採用方法	新卒採用
随時・通年で採用	採用時期	特定の時期に一括採用
スペシャリスト	志向性	ジェネラリスト

賃金は低くなることは、当然のことではありますが、日本においては、同じ技術レベルの労働者であっても、その雇用される企業によって賃金が異なっています。

　しかし、ジョブ型においては、業務そのものに値付けをすることになりますから、同じ技術レベルの労働者が、同じ業務を行なうのであれば、本来、どの企業に雇用されても、ほぼ同じ賃金が支払われる、ということになるのです。

🖥「メンバーシップ型」とは

　ここで、従来の日本型のメンバーシップ型についても、整理して

◎「ジョブ・ディスクリプション」のサンプル◎

職種	大分類	
	中分類	
	小分類	

職務名	
職務概要	
職務等級	
責任・権限の範囲に関する補足	
直属の上司	

担当業務	職務名称・内容	具体的な担当業務	重要度	難度
業務①				
業務②				
業務③				
・ ・ ・				

必要コンピテンシー	名称	詳細・補足	習熟度
共通			
職種特有			

おきましょう。

　日本型雇用システムとも呼ばれるメンバーシップ型は、新卒一括採用で、転勤や異動、ジョブローテーションを繰り返しながら、会社を支える人材として長期的に育成していくのが基本です。

　このメンバーシップ型が、これまでの日本企業を支え、担ってきました。

　職務内容や責任の範囲は、配属される組織のミッションに応じることとなり、現場の状況や上司の期待に依存して決定されることが多いでしょう。原則として、時間で管理され、勤続年数や役職、上司の評価などによって相互的に判断されるため、透明性が低いこともあります。

　メンバーシップ型においては、長期雇用を前提としていることに特徴があり、終身雇用や年功序列といったしくみが生み出されています。

　そして、このメンバーシップ型を念頭に、これまでの日本の労働法は形成されてきました。そのため、解雇などは労働法によって制限されており、安定的な雇用に資すると考えられます。

7-2 人事評価制度を変更する必要性

🖥 なぜ人事評価制度が必要なのか

　そもそも、企業は何のために人事評価制度を導入しているのでしょうか。賃金を決めるためだけに、制度を活用しているわけではありません。

　人事評価制度の種類や評価項目、基準は会社によって異なりますが、制度には企業の理念やビジョン、企業のめざす方向性や求める人材像が色濃く表われます。

　人事評価制度は、最終的に生産性の向上や企業業績のアップにつながるものであることが重要なのです。

　会社が「経営理念」を実現させるとともに、高い組織力をもって成長していくためには、「どのような人材が必要なのか。そして各社員にどのような能力や役割、行動を期待するのか」を明確にし、社員のモチベーションを高め、その成長を促進していかなければなりません。

　そして同時に、そうしたやる気のある従業員に対して、「**貢献度に見合った処遇**」を実現することが大切です。

　公平、適正で透明性がある人事評価制度を導入し、運用していくと、従業員の会社への貢献度が高まります。

　人事評価の項目や基準が明らかで、成果が適切に昇給や昇進に結びつくことがわかれば、従業員は納得して目標や業務の達成に励むでしょう。

　人事評価制度は、従業員の成長を促し、ひいては企業を成長させる重要な役目を担っているのです。

🖥 何を評価するのか

　それでは、人事評価制度において、何を評価するのか、一般的な評価対象を見ていきましょう。

【業績評価】

　業績評価は、業績や成果を評価することで、そこに至るまでのプロセスを評価することもあります。

　評価する際は、客観的に判断できる数字を用いるのが基本です。数値化しづらいプロセスは、チームメンバーや関わった人たちの意見も参考にして評価していきます。

【能力評価】

　能力評価は、業務のなかで身につけた能力や、発揮した能力を評価することです。

　数値化しづらいため、公正に評価するためには、従業員の等級に応じた能力要件を整備しておく必要があります。

【行動（情意）評価】

　意欲や態度を評価することです。

　企業の規律を守る、業務に責任を持つ、チャレンジ精神を持つ、チームのことを考えて行動するなど、仕事に向き合う姿勢に着目します。

　ただし、評価者の主観が入りやすいため、複数人の意見を総合して判断し、人事評価エラーを防ぐ必要があります。

🖥 人事評価のポイント

　従業員にとって、評価制度に納得性・説得性が十分にあれば、人事制度そのものに対する納得性・説得性が得られます。

　しかし、数字によるシンプルな業績評価を除いては、人が人を評

◎恣意的な評価を防ぐポイント◎

評価制度

- ☑ シンプルで明快なものにする（必要以上に複雑にしない）
- ☑ 公平で透明性があることを念頭に置く
- ☑ 評価対象、評価項目、評価基準がオープンになっている（社内に公開されている）

評 価 者

- ☑ 評価者が、評価制度を十分に理解している
- ☑ 評価者研修を必ず実施する

評価対象者

- ☑ 納得性を高めるために、評価対象者自身の自己評価も実施する

フィードバック

- ☑ 最終的な評価結果が、評価対象者にフィードバックされる
- ☑ 異議がある場合には、評価の再検討が実施されるしくみを構築する

価する以上、どうしても印象や主観、感情が入り込むことになり、恣意的な評価ではないと言い切ることは難しいでしょう。

そこで、恣意的な評価を防ぐために、人事評価を行なう際は、前ページの図にあげたようなしくみ・工夫をすることがポイントになります。

7-3 テレワークに適切な人事評価制度

テレワークの場合の人事評価

テレワークの導入によって、評価対象者である部下の「勤務態度や仕事ぶりが把握しにくくなった」、「他のチームメンバーとのコミュニケーションの状況がわかりにくい」、「モチベーションや思考、感情が把握しにくくなった」、「仕事の目的や成果、プロセス状況を細かく把握することが難しい」といった側面も生じ、評価者は、これまでの評価制度では、適切に評価することが困難になったと感じることも考えられます。

長きにわたって、日本の雇用制度と賃金制度を支えてきたのは、「業務遂行能力」をベースとした能力評価や行動評価といった人事評価制度と、それにもとづく職能給制度です。

新卒採用から、ジョブローテーションを繰り返して徐々に成長を続けるなかで、仕事の目的に対するプロセスや取り組む姿勢と成長、企業にどのように寄与できる人材であるかをジャッジするしくみは、まさに「人」そのものを評価するというものでした。

しかし、テレワークになると、人事評価に必要な情報が断片的となってしまいますし、仮にテレワークの定着以前から在籍していた従業員と、テレワーク後に異動してきた従業員では、同列に評価しづらくなります。

そのため、少なくとも、人事評価の項目のなかで、テレワークでは十分に察知しえない要素を含んだ項目や、テレワークの定着以前から在籍していた従業員とそれ以後に配属された従業員で、どうしても差異が発生する恐れがある項目がないか検討し、評価制度を見直してみましょう。

先にあげたような項目があった場合は、評価項目から外す、もし

◎テレワークと親和性が高いと考えられる評価制度◎

MBO（目標管理制度）

- 個別またはグループごとに目標を設定し、それに対する達成度合いで評価を決める制度
- 目標とプロセスを具体的に決めることで、テレワークでも運用しやすい

バリュー評価（行動評価）

- 従業員の評価項目のなかに、その企業の行動規範である「バリュー」に沿った行動ができているかどうかを取り入れた制度
- 会社の理念やビジョンを体現しているかを評価することで、テレワークでも運用しやすい

ノーレイティング

- 従業員をランクづけする年次評価（レイティング）をしない制度
- 「リアルタイムの目標設定」と「リアルタイムのフィードバック」に時間を費やすことを重視する
- 各部署のマネージャーが原資をもとに部下へインセンティブを配布したり、成果に応じてメンバーの賃金を決定することで、テレワークでも運用しやすい

くはウェイトを下げることなどにより、これまでの制度をベースに、その企業の働き方や経営理念にあった内容に変更していくことで、有効な人事評価ができるのではないでしょうか。

人事評価制度の再構築

　もちろん、テレワークを機に、抜本的に評価制度を変えていくという選択肢もあります。たとえば、7−1項で解説したジョブ型雇用にシフトし、その職務の成果のみで評価するということも1つの方法です。

　しかしながら、わが国においては、労働法により強固に労働者が保護されていることや、これまでの働き方から明確なジョブ・ディスクリプションの作成が困難である企業も多いことから、ジョブ型へのシフトは単純にできるものではありません。ジョブ型へのシフトは、組織全体を大きく改革する必要があるのです。

　テレワーク＝ジョブ型と結びつけるだけではなく、前ページの図も参考にしていただき、自社に合った人事評価制度を柔軟に検討することが重要です。

おわりに

　本書をお読みいただき、まことにありがとうございました。

　テレワークは、新型コロナウイルスがまん延する前から、総務省による「ふるさとテレワーク事業」が推進されるなど、働き方改革とあわせて地方創生をめざす施策にあげられていました。

　しかし、新型コロナウイルスの感染拡大の影響を受け、テレワークは急速に拡大し、図らずも一般的な働き方になりました。

　そして、企業は、このニューノーマルの働き方を受けて、自社の組織力があらためて問われるようになり、マネジメント、人材開発、労働時間管理、人事評価制度などは、持続可能な成長をめざした、多様で柔軟な制度への見直しが必要となっています。

　とはいえ、労働基準法をはじめとする労働関係法令に反する制度への転換は当然できませんから、ぜひ本書で、基本的なテレワークの制度をご確認いただければと思います。本書が、「働き方」を再構築する一助となりましたら、これに勝る喜びはありません。

　また、テレワークによって、オフィスに出勤せずとも業務を遂行できるようになったことにより、新たな問題も生じています。たとえば、業務上の必要性があるのに出社に応じない社員がいるなどです。社会全体の状況や企業の環境、あるいはその社員の個別の事情などによって、こうした問題への対応は異なるため、テレワークの基本書としての本書では執筆することができませんでしたが、このような問題に対しても、私ども社会保険労務士が専門家として解決への道をご提案してまいりますので、ぜひご相談ください。

　最後に、本書の出版にあたりご尽力くださいましたアニモ出版の小林良彦様、アドバイスをくださった弊所代表社員の佐藤広一先生、相談しあった武田素子先生、協力してくれた川合凛さんに心からお礼申し上げます。ありがとうございました。

ＨＲプラス社会保険労務士法人

マネジャー・社会保険労務士　星野陽子

執筆者プロフィール

佐藤広一（さとう　ひろかず）

特定社会保険労務士。HRプラス社会保険労務士法人代表社員。

1968年、東京都出身。明治学院大学経済学部卒業、2000年、さとう社会保険労務士事務所（現HRプラス社会保険労務士法人）開設。人事労務パーソンにコミットした人事労務相談、コンサルティングを積極的に展開中。IPO、M&Aシーンでの労務デューデリジェンス、PMI、海外赴任者に対する賃金制度の設計、海外赴任規程の作成などを行なうほか、上場企業の社外取締役（監査等委員）および監査役を現任し、ボードメンバーの立場としても労務コンプライアンスに寄与している。「日本経済新聞」「週刊ダイヤモンド」「週刊エコノミスト」など新聞・雑誌への寄稿・取材多数、SMBCコンサルティング、日本能率協会、労務行政などで講演を行なっている。

主な著書に、『管理職になるとき これだけは知っておきたい労務管理』『東南アジア進出企業のための海外赴任・海外出張の労務と税務 早わかりガイド』（以上、アニモ出版）、『最新版 図解でハッキリわかる労働時間、休日・休暇の実務』『「働き方改革関連法」企業対応と運用の実務がわかる本』（以上、日本実業出版社）、『泣きたくないなら労働法』（光文社）など多数ある。

武田素子（たけだ　もとこ）

1970年、神奈川県出身。横浜市立大学文理学部卒業。社会保険労務士、個人情報保護士、マイナンバー管理士。ソフトウェア開発技術者試験合格。システム会社にて、システムエンジニアとして金融系システムの開発に10年間携わる。2012年、さとう社会保険労務士事務所（現HRプラス社会保険労務士法人）入所。アウトソーシング部門のマネジャーとして、労務相談業務、給与計算業務を主に担当しているほか、個人情報保護士のライセンスホルダーであることから、マイナンバー対応や情報セキュリティに関するアドバイスを強みとしている。また、システム開発の経験を活かした給与計算事務等の業務改善コンサルティングにも定評がある。

星野陽子（ほしの　ようこ）

埼玉県出身。東洋大学経済学部卒業。2014年、社会保険労務士試験合格。一般企業の営業職、法律事務所の秘書を経て、さとう社会保険労務士事務所（現HRプラス社会保険労務士法人）に入所。IPO、M&Aシーンでの労務デューデリジェンスなどのコンサルティング業務に従事するほか、労働力の需給調整、主に労働者派遣法に関する業務を得意としている。

共著書に、『図解でわかる労働者派遣 いちばん最初に読む本』『社会保険事務 最強ガイド』『給与計算事務 最強ガイド』『労災保険の実務と手続き 最強ガイド』『図解でわかる労働基準法 いちばん最初に読む本』（以上、アニモ出版）がある。

HRプラス社会保険労務士法人

東京都渋谷区恵比寿を拠点に、「HR(人事部)に安心、情報、ソリューションをプラスする」というコンセプトのもと、全国のクライアントに対し、人事労務に関するコンサルティングを行なっている。人事労務パーソンの立場に立った人事労務相談、就業規則や諸規程の整備、IPO支援、M&A、海外進出支援、社会保険事務のアウトソーシングなどを展開。品質と信頼を担保するために、担当するスタッフ全員が社会保険労務士有資格者。24時間以内のクイックレスポンスを堅持。プライバシーマークの取得、FORTIGATEの実装、入退室ログ管理システムの導入など、万全のセキュリティ体制でマイナンバー制度へも対応している。

著書に、『労災保険の実務と手続き 最強ガイド』『図解でわかる労働基準法 いちばん最初に読む本』(以上、アニモ出版)がある。

URL　https://ssl.officesato.jp/

テレワークを導入・運用するとき
これだけは知っておきたい労務管理

2021年 2 月15日　　初版発行

著　者　HRプラス社会保険労務士法人
発行者　吉溪慎太郎

発行所　株式会社アニモ出版
　　　　〒162-0832 東京都新宿区岩戸町 12 レベッカビル
　　　　TEL 03(5206)8505　FAX 03(6265)0130
　　　　http://www.animo-pub.co.jp/